キャリア教育への
セカンド・オピニオン

浦上　昌則 著

北大路書房

はじめに

　この本を手に取られたということは，きっと「キャリア教育」というものに関心をお持ちなのでしょう。そして，数ある「キャリア教育」関係の本の中から本書『キャリア教育へのセカンド・オピニオン』を手に取られたということは，どこかに「今の内容が良いのだろうか？　今のままで良いのだろうか？」という疑念，迷いのようなものがあるからだと思います。

　私の中には，このような疑念が，ここしばらくの間ずっと存在しています。特にキャリア教育という言葉の利用が一般的になってきた今世紀に入ってから，この思いは強くなってきました。どうにも大きな流れに乗り切れない，そのような流れには乗るのは怖いという感じを抱えながら現在に至っています。
　しかし，そのどこが気になるのか，なぜ気になるのかということは，なかなかはっきりと自覚できませんでした。最近になって，なんとなく意識できるようになり，まだまだ十分ではありませんが，その輪郭が見えてきたような気がしています。それをまとめてみたものが本書です。
　ご存知の通り「セカンド・オピニオン」は，より望ましい決定をするための別の人からの意見，ということを意味する言葉です。医療の分野でよく耳にする言葉ですが，キャリア教育に対するセカンド・オピニオンはあまり出てきていないように思っています。国が力を入れ始めたため，「とりあえずそれに乗らなければ」という傾向が生じていることを感じることも度々ですが，これもまたセカンド・オピニオンが出てきにくい環境を作っているのかもしれません。いずれにして

も，ある立場の考え方のみがキャリア教育の方針となり，それにすべてが従うような状況は望ましいとは思えません。

著者自身は心理学を専門にしています。それも教育系（発達心理学や教育心理学）を中心に学んできました。そこでは，人間の発達には大きく2つの側面，個性化（個人化）と社会化があると指摘されます。個性化（個人化）とは，自分の持ち味を生かして，他者とは異なるユニークな存在を目指そうとする側面であり，社会化とは社会の習慣やルール，規範を身につけ，一人の人間として適切に行動できることを目指す側面です。これらは，ともに人間の望ましい発達に欠かせないものです。本書では，こういった観点からキャリア教育をとらえ，セカンド・オピニオンをまとめました。

そのため，たとえば産業心理学や組織心理学的な立場に立つ人とは少し異なった見方をしていると思います。もちろん，経営学や政策学などを専らにする人，産業界に身を置く人の視点とも違うでしょう。政治家の視点，行政官の視点とも違うでしょうし，教員やキャリアカウンセラーの視点とも違う部分があると思います。

今世紀初頭から猛スピードで走り始めた現在のキャリア教育には，まだまだ議論が不足していると思います。そのため，各所からセカンド・オピニオンが出てくることが期待されます。そのひとつになればと願いながら著したものが本書です。次世代を育むすべての大人が，キャリア教育を他人任せにせず，そこで何を伝えていくべきなのか，どうやって伝えるべきなのかといったことを，本書をひとつの材料として考えていただければと願っています。

目　次

はじめに　i

第1章　現在のキャリア教育　1

1節　接続答申と諮問　2
▶ 1　答申文の中のキャリア教育　2
▶ 2　諮問文書　6
▶ 3　なぜキャリア教育が求められたのか　7

2節　その他の政策レベルでの動向　10
▶ 1　人間力戦略研究会と若者自立・挑戦戦略会議　10
▶ 2　就職基礎能力　13
▶ 3　社会人基礎力　15
▶ 4　キャリア教育等推進会議　18
▶ 5　教育振興基本計画　20
▶ 6　何が問題なのか　22

3節　協力者会議報告書　23
▶ 1　協力者会議のねらい　23
▶ 2　学校におけるキャリア教育　26
▶ 3　進路指導からキャリア教育へ　28
▶ 4　キャリア教育の抱える問題　30

第2章　キー・コンセプト　33

1節　社会と職業と個人　34
▶ 1　職業　34
▶ 2　社会と個人　37
▶ 3　職業の位置　42

2節　教育　44
▶ 1　誰が教育に期待するのか　44

▶2　教育に期待される方向　48
3節　職業観としごと観　51
　▶1　既出の定義　51
　▶2　しごと観　53
　▶3　職業観　57
4節　キャリア　59
　▶1　キャリアとは　59
　▶2　図1とキャリア　62

視点の整理　65

第3章　社会性をはぐくむという視点からのオピニオン　71
1節　個人・職業・社会を理解する　72
　▶1　言葉（概念）の整理と理解　72
　▶2　不十分な体験型学習　74
　▶3　体験をきっかけにする　76
2節　会社という混乱要因を知る　80
　▶1　会社と社会　80
　▶2　会社での役割を職業と感じるためには　82
　▶3　視点をかえる　84
3節　希望をいだく　87
　▶1　希望のない幸せ　87
　▶2　社会性としての希望　89
　▶3　希望の芽をみつける　91
4節　社会の人になる　93
　▶1　市民（citizen）　93
　▶2　家庭人　97

第4章　個性化を促進する視点からのオピニオン　103

1節　人格を発達させる　104
- ▶1　発達した人格とは　104
- ▶2　人格とキャリア　105
- ▶3　教養とキャリア　107
- ▶4　さまざまな教養　109

2節　学ぶことを学ぶ　112
- ▶1　学び続ける力　112
- ▶2　教育と社会　114
- ▶3　「学ぶ力」　117

3節　「観」をつくる　120
- ▶1　「観」と「感」　120
- ▶2　「感」から「観」へ　122
- ▶3　判断の主体　124

4節　「諦」を身につける　128
- ▶1　「諦」の意味　128
- ▶2　社会への参入とあきらめ　130
- ▶3　あきらめと幸せ　132

おわりに　137
- ▶1　人は育てられて育つ　139
- ▶2　若者観の見直し　142
- ▶3　職場が職業人の集まりであるために　144
- ▶4　「おわりに」のおわりに　146

文献　149

第1章
現在のキャリア教育

　まずは，現在推し進められているキャリア教育を概観し，何がその背景にあるのか，何がキャリア教育を推進するエネルギー源になっているのかを探ってみるところから始めたいと思います。そこを明らかにできれば，現在のキャリア教育の方向性がつかめると考えるからです。

　現在では多くの学校でキャリア教育が推進されているので，その実践報告なども豊富に発表されています。しかし本書では，それら個別の実践例ではなく，現在のような流れを作り出した，インパクトの強い報告書などに着目します。具体的には，中央教育審議会が1999年に示した「初等中等教育と高等教育との接続の改善について」と，2004年に示された「キャリア教育の推進に関する総合的調査研究協力者会議報告書」です。その他にも近年に発表されたいくつかのものを取りあげながら，キャリア教育を推し進めている原因，背景にあるものへと接近してみます。

1節　接続答申と諮問

▶ 1　答申文の中のキャリア教育

　1990年代後半からのキャリア教育に関するいくつかの代表的な提言，動向等を簡単にまとめてみました。それが表1です。

表1　キャリア教育に関する近年の動向

1998	文部大臣より「初等中等教育と高等教育との接続の改善について」諮問
1999	中央教育審議会　「初等中等教育と高等教育との接続の改善について」答申
2002	国立教育政策研究所生徒指導センター「児童生徒の職業観・勤労観を育む教育の推進について」発表
2003	日本経済団体連合会「若年者の職業観・就労意識の形成・向上のために」発表
	文部科学大臣，厚生労働大臣，経済産業大臣，経済財政政策担当大臣などから構成される若者自立・挑戦戦略会議設置　「若者自立・挑戦プラン」発表
	人間力戦略研究会「人間力戦略研究会報告書　若者に夢と目標を抱かせ，意欲を高める―信頼と連携の社会システム―」発表
2004	キャリア教育の推進に関する総合的調査研究協力者会議「キャリア教育の推進に関する総合的調査研究協力者会議報告書―児童生徒一人一人の勤労観・職業観を育てるために―」
2006	文部科学省「小学校・中学校・高等学校　キャリア教育推進の手引―児童生徒一人一人の勤労観・職業観を育てるために―」発刊
	文部科学省「高等学校におけるキャリア教育の推進に関する調査研究協力者会議報告書―普通科におけるキャリア教育の推進―」発刊
	厚生労働省　若年者就職基礎能力支援事業スタート
	経済産業省「社会人基礎力に関する研究会―『中間取りまとめ』―」発表
	教育基本法改正
2007	内閣府特命担当大臣（青少年育成），文部科学大臣，厚生労働大臣，経済産業大臣から構成されるキャリア教育等推進会議「キャリア教育等推進プラン―自分でつかもう自分の人生―」発表
2008	教育振興基本計画発表
	文部科学大臣より「今後の学校におけるキャリア教育・職業教育の在り方について」諮問

表にまとめられたこの10年ほどだけを見ても、記載されている事項が多いのか少ないのかを判断することは難しいでしょう。しかし、それ以前の10年、20年を知っている方ならば、非常に多くの出来事があった10年ということを強く感じられると思います（たとえば、仙崎他編、2008などを参照）。

　その中でも中央教育審議会が1999年に示した「初等中等教育と高等教育との接続の改善について」（以下、接続答申とよぶ）は、さまざまなところで指摘されているように、現在のキャリア教育に関連する一連の動向の発端といえるものです。この答申の中で、「キャリア教育」という言葉が用いられました。キャリアとかキャリア教育という言葉はそれ以前から一部では使われていたのですが、旧文部省などによる公の文章では用いられていませんでした。しかし教育行政に大きな影響力を持つ中央教育審議会がこの言葉を用いたことから、ここではじめて「キャリア教育」が学校教育の中での位置を与えられることになったのです（三村、2008）。

　この答申の中でキャリア教育は、「学校教育と職業生活の円滑な接続を図るため、望ましい職業観・勤労観及び職業に関する知識や技能を身に付けさせるとともに、自己の個性を理解し、主体的に進路を選択する能力・態度を育てる教育」と定義されています（中央教育審議会、1999）。さらにキャリア教育を小学校段階から実施することや、家庭・地域と連携し、体験的な学習を重視すること。学校ごとに目標を設定し、教育課程に位置付けて計画的に行い、また、その実施状況や成果について評価を行うことが重要と指摘しています。

　加えて、「学校教育において情報活用能力や外国語の運用能力の育成等、社会や企業から評価される付加価値を自ら育成するなど、職業生活に結び付く学習も重視していくべきである」と、かなり具体的な内容も提言しています。このような踏み込んだ提言を可能にしているのは、やはり答申の中で行われている、「学校教育と職業生活の円滑な接続を図るため」というキャリア教育の定義が影響しているといえ

るでしょう。

　接続答申以後にキャリア教育に興味を持たれた人には，この定義は特に奇異とは感じられないと思います。三村（2004）のように，この定義は従来の進路指導の定義と大きく変わるところはないという指摘もあります。しかし，それまでの進路指導に関わった経験があるものにとっては，かなり違和感のある表現が使われているといえるでしょう。

　それは，キャリア教育に「学校教育と職業生活の円滑な接続を図るため」というかなり限定された目的が与えられていることや，「望ましい職業観・勤労観及び職業に関する知識や技能を身に付けさせる」が先に示され，「自己の個性を理解し，主体的に進路を選択する能力・態度を育てる」が後になっている，などという点です。

　従来の進路指導の定義や理念については他書にゆずりますが，ここでは2つほどを引用し，答申での表記と比較してみたいと思います。

> 　進路指導とは，生徒の個人資料，進路情報，啓発的経験及び相談を通じて，生徒がみずから，将来の進路選択，計画をし，就職または進学して，さらにその後の生活によりよく適応し，進歩する能力を伸長するように，教師が組織的，継続的に指導・援助する過程をいう。（文部省による定義；文部省，1961）

> 　在学青少年がみずから，学校教育の各段階における自己と進路に関する探索的・体験的活動を通じて自己の生き方と職業の世界への知見を広め，進路に関する発達課題と主体的に取り組む能力，態度等を養い，それによって，自己の人生設計のもとに，進路を選択・実現し，さらに卒業後のキャリアにおいて，自己実現を図ることができるよう，教師が，学校の教育活動全体を通して，体系的，計画的，継続的に指導援助する過程である。（日本進路指導学会による定義；藤本，1987より）

　ここに引用した定義自体や，その表現に認められるニュアンスは理解していただけるでしょう。そして，接続答申の定義との差異も感じ取れるのではないでしょうか。従来の進路指導の定義に準じた記載であれば，「学校教育と職業生活の円滑な接続を図るため」という目的は，「学校教育と職業生活」ではなく「学校教育と卒業後の生活」などという表現の方が適当な感じがしますし，「職業生活」といった，生

活の一場面に限定されるような表現は用いられなかったと考えられます。また「望ましい職業観・勤労観及び職業に関する知識や技能を身に付けさせる」と,「自己の個性を理解し,主体的に進路を選択する能力・態度を育てる」の記載順も,答申とは逆の順序,すなわち「自己の個性を理解し,主体的に進路を選択する能力・態度を育て,望ましい職業観・勤労観及び職業に関する知識や技能を身に付けさせる」という順序であったであろうと推測できます。

　では,なぜ接続答申では従来と違った記載になったのでしょうか。中央教育審議会の議事録はインターネットを通して確認できますので,これを参照してみました (http://www.mext.go.jp/b_menu/shingi/chuuou/index.htm#gijiroku)。接続答申は,中央教育審議会第223回総会で設置され,計22回開催された「初等中等教育と高等教育との接続の改善に関する小委員会」で議論されたものです。その議事録において,「キャリア教育」という言葉が記録されているのは,第2回議事録の1回のみであることがわかります。ちなみに,第9回はキャリアやキャリア形成のヒアリングを行っています。しかし,「キャリア教育」という言葉は出てきていません。「キャリア・ガイダンス」は第3回議事録に,「キャリア・エデュケーション」は,第17回議事録にも記録があります。しかし,答申文中に用いられた「キャリア教育」という言葉は,議事録上では1度しか確認できません。その際も,定義に関しての発言,議論ではありませんでした。そのため,小委員会でどのような議論が行われ,なぜ答申のような定義になったのかを知ることはできませんでした。

　あくまでも議事録からの推測に過ぎませんが,それを見る限りにおいては,従来の進路指導は進学指導に傾斜し過ぎているという認識が共有されていたように思えます。そこで,学校と職業の接続ということを明示するために「キャリア教育」という言葉が用いられたのではないかと考えられます。実際,答申の他の個所,特に学校間の接続に関する部分では,キャリア教育ではなく進路指導という言葉が用いら

れています。

つまりこの答申においては、学校間の接続を主に指すのが進路指導であり、学校と職業の接続を指す言葉としてキャリア教育が用いられたと考えられます。こう考えれば、従来の進路指導の定義との異同や、職業という点に焦点を絞っているに点についても納得できます。しかし、このような定義は一般的なキャリア教育の定義と比較すると、かなり偏ったものだということは記憶にとどめておいていただきたいと思います。

▶ 2　諮問文書

さて、「キャリア教育」という文言が記載されたということで有名なこの答申ですが、その際の諮問文、諮問内容はどうだったのでしょうか。答申は諮問に対する回答ですから、その諮問内容がどのような問題意識から生じているのかを確認することで、キャリア教育を打ち出すことになった理由を推測できると考えられます。

その諮問は、1998年11月の中央教育審議会第223回総会で示されています（文部大臣, 1998）。この諮問の「理由」の中で、以下の3点の検討が必要と示されていますので、該当部分を抜粋しました。

> このため、初等中等教育と高等教育との接続の改善について、次のような事項を中心に検討する必要がある。
> （1）高等学校及び大学の役割分担の明確化と両者の教育の連携について
> （2）高等学校と大学との接続を重視した大学入学者選抜の改善について
> （3）その他の関連する施策について

そして、諮問の「理由」に続く「文部大臣諮問理由説明」の中では、上記の（3）についての説明が以下のように加えられています。

> さらに、その他の関連する施策についてでありますが、大学及び高等学校の役割分担を明確にして接続の改善を図ることに伴い、小学校と中学校、中学校と高等学校の相互の接続の在り方についても検討が必要になると考えております。また、学校における望ましい職業観の育成や職業生活に結びついた教育内容等、学校教育と職業生活との接続にかかわる課題についても、御検討をいただきたいと考えております。

現在のキャリア教育の実際的なスタートとなる答申を引きだした諮問文としては，拍子抜けするほどに短い文ですが，諮問文の中で学校と職業に関する言及は，「また」で始まるこの1文だけなのです。

　しかしこの諮問文からは，諮問の時点から「学校教育と職業生活との接続」が問題とされていたことがわかります。そして「学校における望ましい職業観の育成」，「職業生活に結びついた教育内容」などといった方向性が示されていたこともわかります。つまり，接続答申におけるキャリア教育を解釈する場合，諮問の時点から学校教育と職業との接続という点に焦点があてられていたということに留意しておくべきでしょう。

　このような諮問，答申の経緯から，表1に示した近年の行政を中心としたキャリア教育の展開は，この諮問文に表現されているような問題の解決，またその背景にある課題への対応を意図して進められてきたものと考えられます。このように考えると，表1に列挙した各種の提言が，いずれも「職業観」や「勤労観」を中心としている理由も理解しやすくなります。国民の，特に子どもたちの職業や働くということに対する意識を，国はそれほどまでに問題視していたといえるでしょう。

　推測の域を出ない点も多いのですが，1990年代後半からのキャリア教育の展開において，その発端となる中央教育審議会の諮問，答申は，以上のようなことを示唆すると考えられます。このキャリア教育が，以後，学校教育の中で展開されていくのですが，キャリア教育という言葉が学校と職業の接続の問題からスタートしたことを確認しておきたいと思います。

3　なぜキャリア教育が求められたのか

　先にみたように，初めて「キャリア教育」という言葉を用いた接続答申には，その諮問の時点から「望ましい職業観の育成」や「職業生活に結びついた教育内容」などといった方向性が与えられていました。

なぜ当時の文部大臣は、そのような諮問をする必要があったのか、その社会的背景についても少し触れておきます。

当時は、平成不況ともよばれる1990年代前半から10年ほど続くことになった不況の只中といってもよい時期でした。諮問が行われた年である1998年度版（平成10年度版）の各種白書をみても、厳しい景気の状況が記されています。そして、20世紀末であり新世紀を目の前にしているということとも相まって、変化・変革を求める基調を強くうかがうことができます。

各種白書の冒頭に置かれている大臣によるコメントをみてみると、たとえば経済白書では、「確かに、日本経済は停滞し、金融システムへの信頼感の低下、高コスト構造の存在といった構造的課題に直面しています」、「リスクを恐れず新たな機会に挑戦しようとする個人や企業の出現こそ、更なる発展を育むための不可欠な要素であり、そのための環境整備を行っていくことが政府に求められているのです」とあります。

また中小企業白書には、「本白書では、『変革を迫られる中小企業と企業家精神の発揮』という副題を提示し、経済環境が一層厳しさを増している中で、中小企業は変革を迫られており、自ら企業家精神を発揮して、創造や企業の成長を図ることが重要であることを提言しております」とあります。さらに労働白書では「今後、21世紀に向けて、わが国の経済構造は一層急激に変化するでしょうが、経済・社会の活力を維持していくためには、働く意欲と能力のある労働者が、そのニーズに応じた多様な雇用・就業の場で、自らの能力を十分に発揮して働けることが大切です」、「また、働き方自体についての、労働者の個別性、自律性を重視し、多様な選択肢のある仕組みに変えていくことが大切です」と述べられています。

このような風潮は産業界においても同様です。1998年の経団連第60回定時総会の総会決議は、「21世紀に向け新たな発展の基盤を確立する」と題され、以下のように記されていました。

日本経済は，景気の低迷と国民の間に広がる将来への不安感，閉塞感から，極めて困難な状況にあるが，戦後50年余の間に培われた国力をもとに，われわれは変革，創造の気概をもって，この難局を乗り切らなければならない。
　このためには，まず当面の景気回復に全力を傾けるとともに，将来のビジョンを示し，明るい展望を開くことが必要である。すなわち，経済のグローバル化と少子・高齢化時代に対応して，経済社会システムの抜本改革を速やかに進めるとともに，21世紀を見据えた経済社会インフラを整備することによって，信頼に足る基盤を築かなければならない。これにより，アジア経済の回復のみならず，世界経済の発展と安定に貢献できることになる。
　われわれ経済界としても，市場原理と自己責任に基づく積極果敢な事業活動こそが，わが国経済の活力の源泉であるとの自負をもって企業経営に当たるとともに，21世紀の魅力ある日本の実現を目指して，下記の重要課題に取り組む。

そしてこの議決の中で重要課題として，次の6つが列挙されています。

1．経済活性化のために構造改革を実現する。
2．21世紀に向けた経済社会基盤の充実を図る。
3．官民の役割分担を見直し，小さな政府の実現を急ぐ。
4．循環型社会の構築と地球環境の保全に努める。
5．世界経済の発展に貢献する。
6．内外におけるわが国企業への信頼の回復に努める。

　この決議文とも関連することですが，1990年代後半の政権は，橋本，小渕，森と移り変わった時期です。その後2001年から小泉政権となり，「構造改革」，「自己責任」などという言葉が流行した時期となります。それには時間的に少し先行しているといえますが，経団連の議決が示すように，新自由主義の傾向が強くなっていった時期，新自由主義的なものに不況脱出の期待がかけられていた時期といえるでしょう。

　当然のことですが，国が不況，失業といった社会問題を，新自由主義的な方向で解決しようとすると，国民にはそのような社会に適応できる力が必要となります。そのような社会では，経済の場で自身の自由と責任に基づき積極的に競争を行っていけるような人間が求められるので，このような期待は次世代を育む教育という営みの内容にも反映されます。当時の経済環境的な背景，その時期に国が目指そうとし

ていた方向性などが，諮問や答申の内容に大きく影響し，それがキャリア教育の提言，推進につながったと考えられます。

2節　その他の政策レベルでの動向

▶1　人間力戦略研究会と若者自立・挑戦戦略会議

　接続答申後の動向として教育界に大きな影響を与えたものを取りあげるならば，2004年に発表された「キャリア教育の推進に関する総合的調査研究協力者会議報告書」に言及するべきでしょう。しかし本書では，それを後に回したいと思います。なぜなら，これは接続答申に示されたキャリア教育と現実の教育現場とをつなぐものであり，教育現場を視野に入れて論が展開されているという特徴があるからです。この報告書の検討を行う前に，政策的，経済界的立場の色が強い他の動向について先に触れておきたいと思います。

　接続答申は，文部科学省のみならず，関係他府省の動きも活発にしたといえます。国を挙げてというと言い過ぎかもしれませんが，関係他府省も動き出したことからキャリア教育が大きな流れになったといえるでしょう。

　こういった動向のひとつとして，「人間力戦略研究会」や「若者自立・挑戦戦略会議」の設置があげられます。「人間力戦略研究会」は内閣府によるものですが，文部科学省，厚生労働省，経済産業省も関係している研究会でした。

　人間力戦略研究会は，2003年に報告書を出していますが，そのなかで，研究会の趣旨と目的が示されています。その部分を引用します。

　　現在の日本では，社会のさまざまな側面において，沈滞感，閉塞感が漂っているといわれて久しい。とくに，産業界では，経済の長期停滞，雇用・労働の不振状態に対する危機感が高まっている。こうした現状に対して，経済の活性化，雇用の拡大をはかる政策が必要なことは論を待たない。実際，政府，民間企業を含めて，多くの提案がなされ，実行に移されているところである。

しかし一方，それらと並んで，「教育」という側面からのアプローチが不可欠である。すなわち，社会の中で自立し，役割と責任を果たしながら，自分らしい生き方を追求する個人を育成することが，経済・社会の活性化の基盤ともなる。このような教育のあり方を考えるのに，従来の「学力」という用語では，議論が限定的になりすぎたり，混乱を招いたりする恐れがあった。
　　そこで，最近しばしば使われる「人間力」という用語を中心に据え，教育関係のみならず，経済・産業分野，労働・雇用分野からの有識者から成る研究会を構成することとなった。この委員会は，こうした趣旨で経済財政諮問会議において発案され，内閣府を担当部局として成立したものである。

　ここに述べられているように，この研究会が設置された理由は，社会の，特に経済の問題が中心にあり，その問題の解決には教育からのアプローチも不可欠であるという認識からです。そして，従来からある「学力」という言葉では議論がうまくいかないと推測されるので，「人間力」という言葉を用い，経済・産業，労働・雇用といった立場のメンバーも加えて議論をするという姿勢が表明されています。このような方向性が採用されたことは，報告書中では教育と実際の社会が乖離しがちであったという指摘に留められていますが，従来の教育界の議論（教育界のみでの議論／教育界に閉じた議論）に対する評価であるとも考えられるでしょう。
　さて，この研究会の報告書においても「キャリア教育」という言葉が用いられていますが（ただし，「キャリア教育」に定義は与えられていません），注目すべき点はその他にもあります。「人間力」をとらえるために，そのモデルとなる「大人」がどのように社会の中で生きているのかを，「職業生活」「市民生活」「文化生活」の3つの側面からアプローチできると指摘しています。また「人間力」には，「社会を構成し運営するとともに，自立した一人の人間として力強く生きていくための総合的な力」という定義が与えられました。
　このように，人間力戦略研究会は経済社会的視点から問題へ切り込んでいますが，あつかっている内容は非常に幅広いといえます。キャリア教育の位置づけは今一つはっきりとしませんが，職業生活のみならず，市民生活や文化生活も含めて考えなければならないという姿勢

は,現在においてもキャリア教育の観点から熟慮すべき示唆といえます。

　次に若者自立・挑戦戦略会議は,この人間力戦略研究会による報告書の提出とほぼ同じ時期に設置されました。この会議の設置については,「高い失業率,フリーター・無業者の増加など,若者の雇用情勢は依然厳しく,このままでは経済基盤の崩壊,社会不安の増大等を惹起しかねません。かかる観点から,関係府省の連携した取組を推進するため,平成15年4月,若者自立・挑戦戦略会議を設置致しました」と設置の理由が記されています(首相官邸 web http://www.kantei.go.jp/jp/singi/index/wakamono/)。スタート時は,文部科学大臣,厚生労働大臣,経済産業大臣,経済財政政策担当大臣で構成されていましたが,その後,内閣官房長官,農林水産大臣,少子化・男女共同参画担当大臣もメンバーとなった会議です。この会議は,2003年6月に「若者自立・挑戦プラン」を示します。そこには,現状と国家的課題として次のようなことが述べられています。

> ○今,若者は,チャンスに恵まれていない。高い失業率,増加する無業者,フリーター,高い離職率など,自らの可能性を高め,それを活かす場がない。
> ○このような状況が続けば,若者の職業能力の蓄積がなされず,中長期的な競争力・生産性の低下といった経済基盤の崩壊はもとより,不安定就労の増大や生活基盤の欠如による所得格差の拡大,社会保障システムの脆弱化,ひいては社会不安の増大,少子化の一層の進行等深刻な社会問題を惹起しかねない。
> ○わが国にとって人材こそ国家の基礎であり,政府,地方自治体,教育界,産業界等が一体となった国民運動的な取り組みとして,若年者を中心とする「人材」に焦点を当てた根本的対策を早急に講じていく必要がある。

　ここでは人材にカッコを付し強調されていますが,文脈から判断すると,明らかに産業界に必要な人間の育成に主眼が置かれています。そして,「若者に職業能力がない」ことが「産業界の競争力の低下」や「社会不安の増大」の原因となる,という因果関係を仮定しています。そのために求められるのは,職業能力を身につけ,産業の競争力や生産性を高めることに寄与し,それによって安定した所得を得て,国の社会保障システムを支えるような人材といえます。こういった「人材」を育てることが重要と国の関係省庁は考えていたということが理

解できます。

　若者自立・挑戦戦略会議には，人間力戦略研究会を引き継いでいると考えられる部分もあります。しかしそこでの方向性は，人間力戦略研究会とはかなり違ったものになり，経済という側面が強調されるようになったといえるでしょう。キャリア教育の観点から考えると，経済という側面への過度の傾斜は望ましくなく，やはり人間力戦略研究会のような幅広い視点を忘れてはならないと考えられます。

2　就職基礎能力

　厚生労働省は，若者の職業能力に注目し，2006年から「若年者就職基礎能力支援事業（YES-プログラム；Youth Employability Support Program）」をスタートさせています。同省はこのプログラムの効果について，若年者は企業が求める就職基礎能力を知ることができること，証明書により就職基礎能力を修得していることを就職活動の場面などで示すことができること，企業は若年者の就職基礎能力を証明書により把握することができること，若年者と企業の間で，就職に必要な基礎能力についての共通の認識が形成されること，といった内容をあげています。

　YES-プログラムは，同省が行った，若年者の就職能力に関する企業実態調査結果（厚生労働省，2004）をもとに作成されました。その調査からは，対象となった企業の半数以上が採用に当たって重視している能力，また基礎的な能力として，「コミュニケーション能力」「職業人意識」「基礎学力」「ビジネスマナー」「資格取得」という5つが導かれています。そして，それらを「就職基礎能力」と概念化しています。これを踏まえて，これらの能力を修得できる講座（YES-プログラム認定講座）や，修得したことを確認できる職業能力試験（YES-プログラム認定試験）を認定し，厚生労働大臣名で証明書を発行するというプログラムをスタートさせました。

　就職基礎能力の5つの概念の中身については，中央職業能力開発協

会「若年者就職基礎能力修得のための目安策定委員会」において検討されています（中央職業能力開発協会，2004）。そこで示された，特に事務・営業の職種についての内容は以下のようです。

(1) コミュニケーション能力
- **意思疎通**：自己主張と傾聴のバランスを取りながら効果的に意思疎通ができる。
- **協調性**：双方の主張の調整を図り，調和を保つことができる。
- **自己表現力**：状況にあった訴求力のあるプレゼンテーションを行うことができる。

(2) 職業人意識
- **責任感**：社会の一員として役割の自覚を持っている。
- **向上心・探求心**：働くことへの関心や意欲を持ちながら進んで課題を見つけ，レベルアップを目指すことができる。
- **職業意識・勤労観**：職業や勤労に対する広範な見方・考え方を持ち，意欲や態度等で示すことができる。

(3) 基礎学力
- **読み書き**：職務遂行に必要な文書知識を持っている。
- **計算・数学的思考**：職務遂行に必要な数学的な思考方法や知識を持っている。
- **社会人常識**：社会人として必要な常識を持っている。

(4) ビジネスマナー
- **基本的なマナー**：集団社会に必要な気持ちの良い受け答えやマナーの良い対応ができる。

(5) 資格取得
情報技術関係の資格，経理・財務関係の資格，語学関係の資格

厚生労働省は，「若年者の就職能力に関する企業実態調査」の「就職能力」に，「エンプロイアビリティ」（employability）という読みをあてています。これは就業能力，雇用され得る能力という意味ですが，同省は2001年に「エンプロイアビリティの判断基準等に関する調査研究報告書」をまとめています。そちらをみてみると，「エンプロイアビリティは，労働市場価値を含んだ就業能力，即ち，労働市場における能力評価，能力開発目標の基準となる実践的な就業能力」とされ，技術革新の進展や産業構造の変化にともなう，労働力の流動化や職業能力の変化に対応するために重要な概念であることが指摘されています。

ここで興味深いのは，エンプロイアビリティという概念が，将来の

変化へ対応するために重要という指摘にあるでしょう。しかし,「就職能力」と表記されると就職のための力というイメージが強くなりますし,実際には企業が若者に求める能力を整理したものに過ぎません。この点では,就職基礎能力はエンプロイアビリティとしては不十分ともいえ,現状の問題への対応に留まっている点が惜しまれます。

▶ 3 社会人基礎力

次に,経済産業省の動きをいくつかピックアップしてみます。2005年に,経済産業省は「社会人基礎力に関する研究会」を開催しました。この研究会の趣旨について,同省は次のように記しています。

> 趣旨
> 　90年代以降の厳しい経済状況の下,若者の就職については,新卒採用の大幅縮小・凍結,早期離職の拡大(いわゆる7・5・3問題)等,大きな変化が生じています。
> 　近時,2007年問題が目前に迫る中,企業の新卒採用は,2006年度卒で前年度比約2割増を見込む試算もあるなど,拡大に向かっております。一方,若者については,大学進学率が5割に達するものの,基礎学力に加えて,コミュニケーション能力,積極性,問題解決力等の社会人として活躍するために必要な能力(「社会人基礎力」)が低下しているとの指摘があり,他方,企業においても,採用のミスマッチ解消や人材育成への取組が求められております。
> 　経済産業省においては,我が国経済を担う産業人材の確保・育成の観点から,「社会人基礎力」の養成,企業の人材確保・育成,企業や若者の双方に納得感のある就職プロセスの在り方等について検討するため,産業界,教育界,学界などからの参加を得て,第1回「社会人基礎力に関する研究会」を開催します。

ここに明確に述べられていますが,「我が国経済を担う産業人材の確保・育成の観点から」検討されたものが,社会人基礎力といえます。この研究会は2006年に中間取りまとめを発表しています。そのとりまとめにおいて,新規学校卒業者の職場への定着がうまくいかない理由は,社会人基礎力という名称で概念化された職場や地域社会で求められる能力を若者が身につけていないためと考えられています(表2参照)。

これは経済産業省の施策ですから,産業界を中心とした考え方にな

表2　社会人基礎力の能力要素（社会人基礎力に関する研究会，2006）

分類	能力要素	内容
前に踏み出す力（アクション）	主体力	物事に進んで取り組む力 例）指示を待つのではなく、自らやるべきことを見つけて積極的に取り組む。
	働きかけ力	他人に働きかけ巻き込む力 例）「やろうじゃないか」と呼びかけ、目的に向かって周囲の人々を動かしていく。
	実行力	目的を設定し確実に行動する力 例）言われたことをやるだけでなく自ら目標を設定し、失敗を恐れず行動に移し、粘り強く取り組む。
考え抜く力（シンキング）	課題発見力	現状を分析し目標や課題を明らかにする力 例）目標に向かって、自ら「ここに問題があり、解決が必要だ」と提案する。
	計画力	課題の解決に向けたプロセスを明らかにし準備する力 例）課題の解決に向けた複数のプロセスを明確にし、「その中で最善のものは何か」を検討し、それに向けた準備をする。
	創造力	新しい価値を生み出す力 例）既存の発想にとらわれず、課題に対して新しい解決方法を考える。
チームで働く力（チームワーク）	発信力	自分の意見をわかりやすく伝える力 例）自分の意見をわかりやすく整理した上で、相手に理解してもらうように的確に伝える。
	傾聴力	相手の意見を丁寧に聴く力 例）相手の話しやすい環境をつくり、適切なタイミングで質問するなど相手の意見を引き出す。
	柔軟性	意見の違いや立場の違いを理解する力 例）自分のルールややり方に固執するのではなく、相手の意見や立場を尊重し理解する。
	状況把握力	自分の周囲の人々や物事との関係性を理解する力 例）チームで仕事をするとき、自分がどのような役割を果たすべきかを理解する。
	規律性	社会のルールや人との約束を守る力 例）状況に応じて、社会のルールに則って自らの発言や行動を適切に律する。
	ストレスコントロール力	ストレスの発生源に対応する力 例）ストレスを感じることがあっても、成長の機会だとポジティブに捉えて肩の力を抜いて対応する。

るのは当然といえるでしょう。しかし，留意しておくべき点もあります。それは，社会人基礎力という名称に関する問題点です。

　先に引用した趣旨や，職場で求められる能力を定義したとする研究会のとりまとめなどを見ていると，社会人基礎力ではなく会社人基礎力ではないかと思えます。産業界を中心とした視点なので，そう命名してもおかしくはないですし，むしろそのほうが自然とも感じられます。しかし，実際は社会人基礎力と命名されています。趣旨にすでに「社会人基礎力」という概念名が明示されているように，研究会での議論に先立って名前（概念名）だけが明示されていたという点に問題があるのかもしれませんが，中間取りまとめではかなり苦しい説明がなされています。社会人基礎力は，たしかに職場で求められる能力を定義したものなのですが，それは「『職場や地域社会の中で多様な人々とともに仕事を行っていく上で必要な基礎的な能力』とすることが可能であり，社会の中で人と触れあうことを前提としているから『社会人基礎力』と名付けることが適当である」（社会人基礎力に関する研究会，2006）と，その命名の妥当性を示しています。

　たしかに，社会人としての生活において，多様な人々とともに仕事をすることはあるでしょう。しかし，それだけが社会人の生活ではありませんし，そうした場面で必要になる別の力もあるはずです。たとえば，選挙で適当な候補者を選択すること，自分のお金をやりくりすることなど，社会人として必須な力は他にもあります（これについては第3章でも触れます）。つまり研究会の定義の仕方では，社会人に求められる力の一部は明らかになりますが，その全部を包括している概念になりうるのか否かは明らかではありません。そのため，社会人基礎力とは呼ばれるものの，職場で求められる能力に他ならないと考えておく方が適当でしょう。

　さて，このような留意すべき問題点を抱えている社会人基礎力ですが，職場で有用な人物と評価されるためには必須といえる力かもしれません。これは，経済界が産業界で働く人に求めている力だからです。

この経済産業省ですが，少し気になることも言っています。同省は2005年から3年間，「地域自律・民間活用型キャリア教育プロジェクト」というものを実施しています。働く体験を通して，職業観の醸成を図ることを目的としたもので，そのプロジェクトの一環として公表されたガイドブック（経済産業省，2008）もあります。

　そのガイドブックの中には，現在の社会や会社を解説した部分があります。そこでは，現在は以前のように新人社員にゆっくりと育つ余裕が与えられていないと指摘しています。IT化は単純作業を機械化し，「人の手が必要な単純作業があったとしても，雇用の多様化が進んでいる今では，そうした仕事はアルバイターや派遣社員に任されます。」そのため，新入社員は，新人であっても高度な仕事にたずさわらなければならないと職場を説明しています。さらに，「企業が少数精鋭化し，グローバル社会の中で競争が激化している」とも指摘します。

　以上の部分なのですが，ここでは，正社員とともに，アルバイターや派遣社員が会社にいることが明示されています。しかし焦点は，正社員にしか当てられていません。また企業が少数精鋭化しているということは，雇用も少数精鋭化していることを意味するでしょう。

　これは曲解かもしれませんが，少数精鋭の正社員予備軍を育成することを主眼としたキャリア教育を狙っていると読めます。数の少ない椅子をめぐる席取りゲームに，できるだけ多くの参加者を呼び込もうとしている姿勢が感じられます。産業界なので当然かもしれませんが，新自由主義的な発想が明確に表現されていると考えられます。そしてこれは，キャリア教育はどうあるべきかを考えるための鍵を与えてくれるものともいえるでしょう。

▶ 4　キャリア教育等推進会議

　この会議は，2006年に青少年育成推進本部に設置された，内閣府特命担当大臣（青少年育成），文部科学大臣，厚生労働大臣，経済産業大

臣で構成される会議です。青少年育成推進本部長決定という形で示されている「キャリア教育等推進会議の設置について」という文書(http://www8.cao.go.jp/youth/suisin/career/kakugi.html) には,「若年層の勤労観・職業観及び職業に関する知識・技能の育成並びに早期の離職の防止を図る観点から,職場体験,インターンシップ等のキャリア教育・職業教育の推進に向けた取組を強化・加速化するための関連施策を取りまとめるため,青少年育成推進本部にキャリア教育等推進会議を置く」と,その設置趣旨の説明が示されています。

この会議は2007年に,「キャリア教育等推進プラン―自分でつかもう自分の人生―」を策定,発表し,施策を提言しています。その文書の中では,キャリア教育等が求められる背景として,次のように記されています。

(キャリア教育等が求められる背景)
　経済構造の変化や雇用形態の多様化等を背景に,非正規雇用の増大等若者の進学・就職をめぐる環境が大きく変化してきている。また,早期離職する若者や進学も就職も決まらないまま卒業する若者の存在が問題となっている。こうした中,青少年が自らの個性や適性を自覚し,主体的に進路を選択し,社会的自立を果たしていく必要性が顕在化している。
　このような状況に対応していくためには,望ましい職業観・勤労観及び職業に関する知識や技能を身に付けさせるとともに,自己の個性を理解し,主体的に進路を選択する能力・態度を育てるキャリア教育等の取組が重要である。

やはりここでも問題とされているのは,雇用状況の変化と,早期離転職者やニート,無業者の存在といえます。そしてその問題への対応として,キャリア教育の重要性が指摘されています。

このような指摘は従前のものと同様なのですが,この会議の興味深い点は,キャリア教育の意義が拡張されている点にあるといえるでしょう。このプランから,キャリア教育等の意義として記されている部分を引用します。

　キャリア教育等は,その実施を通じて,青少年一人一人の個性・特性を見極め,将来の進路と日々の教育活動の意義とを結び付け,社会的自立に向けた力をはぐくんでいくものである。

それは学校にとっては、職場体験の実施等を通じ、産業界や地域社会との対話を得る機会の増大につながり、教育課程編成の改善や見直しを促すとともに、産学連携教育の一層の推進に資するものである。
　　さらに企業等にとっては、職場体験者の受入れ等を通じ、若者の就業に対する理解を促進させ、実践的な能力を備えた人材の育成に寄与するものである。また、地場産業が受入先となることにより、若者の地域に対する愛情をはぐくみ、地場産業や地域工芸等に対する理解促進・継承に資するものである。
　　そして、我が国全体としては、自立した青少年を世の中に送り出すことにより、少子高齢化による労働力人口の低下を補う労働生産性の向上に寄与し、活力ある経済社会の発展に資するものである。
　　また、結婚には経済的基盤や就業等についての将来の見通し・安定性が大きな影響を与えていることから、キャリア教育等を通じた社会的自立の促進は、少子化対策にも資するものである。

　このような文言は、近年の中央教育審議会への諮問・答申、教育基本法の改正など、さまざまな動きを如実に反映した文章といえるのではないでしょうか。今回取り上げている他の報告書等ではあまり目にしない文言として、若者の地域に対する愛情をはぐくむとか、社会的自立、結婚、少子化対策などという部分があげられます。会議の主宰が内閣府特命担当大臣（青少年育成）であることも影響しているものと考えられますが、このような視点からのキャリア教育への期待というものもあることを踏まえるには興味深い指摘であると思います。

▶5　教育振興基本計画

　次には、2008年に閣議決定された教育振興基本計画にみられるキャリア教育を眺めてみたいと思います。教育振興基本計画は、改正された教育基本法に基づくもので、教育の振興に関する施策の総合的、計画的な推進を図るために政府が定めた基本的な計画です。

　この教育振興基本計画の中にもキャリア教育が取り入れられています。それは、「人材育成に関する社会の要請に応える」という見出しの中で、次のように記されています。

　　一人一人の社会的自立を実現するとともに、我が国社会の活力の維持・向上の観点から、教育と職業や産業社会との相互のかかわりを一層強化し、人材育成に

関する社会の要請を踏まえた教育を推進する。このため，キャリア教育を推進するとともに，産業界と連携して，また，初等中等教育段階から高等教育段階に至る教育の連続性に配慮しつつ，職業教育を推進する。あわせて，グローバル化に対応し得る国際的通用性のある高度専門職業人の養成を推進する。

http://www.mext.go.jp/a_menu/keikaku/080701/002.pdf

この文言からもわかるように，キャリア教育は，教育と職業や産業社会とのかかわりを強化し，人材育成に関する社会の要請を踏まえた教育として，職業教育とともに位置づけられています。ただし，見出しは「社会の要請に応える」となっていますが，内容的には産業界の要請に応えるという表現の方が適切だと思われます。なお，今回の基本計画の中に「進路指導」という言葉は見あたりません。

さらに同 2008 年には，この教育振興基本計画をふまえたかたちで，中央教育審議会に対して新しい諮問がなされました。「今後の学校におけるキャリア教育・職業教育の在り方について」です。この諮問の理由は，次のように記してあります。

産業構造の変化や雇用の多様化・流動化，様々な分野での国際競争の激化，少子高齢化の進行など，社会全体が大きく変化するなか，学校には，社会人・職業人として自立した人材の育成が強く求められている。

一方で，フリーター・若年無業者や，新卒者の早期離職が問題となるなど，学校から社会・職業への移行が必ずしも円滑に行われていない状況も見られる。

このような状況に鑑み，平成 18 年に改正された教育基本法においては，教育の目標の一つとして，「職業及び生活との関連を重視し，勤労を重んずる態度を養うこと」が規定され，本年 7 月に閣議決定された教育振興基本計画においても，「特に重点的に取り組むべき事項」として「キャリア教育・職業教育の推進」が挙げられたところである。

これらを踏まえ，今後の学校におけるキャリア教育・職業教育の在り方について，中長期的展望に立ち，総合的な視野の下，検討を行う必要がある。

このように，新しい教育基本法，また教育振興基本計画に基づいての諮問になるのですが，やはり課題として認識されているのは，産業構造の変化と，それに人材育成が対応できていないという点にあるといえるでしょう。

2008 年という至近の出来事なのですが，課題の設定という点にお

いては，ちょうど10年前の1998年に行われた諮問「初等中等教育と高等教育との接続の改善について」とほぼ同じといえます。10年前の諮問が接続答申を導き，それが現在のキャリア教育という大きな流れへとつながったのですが，事態はそれほど改善されていないということをも示しているといえるでしょう。

▶ 6　何が問題なのか

　ここでは，政府省庁レベルが示したいくつかの文書を概観してきました。そこにはいくつか一貫した問題意識をみることができます。

　まずそのひとつとして，学校から職場への移行がうまくいっていないという認識が存在していることを指摘できるでしょう。常に指摘されているのが，多数のフリーターやニート，若年無業者の存在，新卒者の早期離職の問題です。2つ目には，産業構造が変化しているという認識です。世界規模での競争の激化，雇用の多様化，企業における教育訓練の縮小などといったことは，多くの文書において言及されています。つまり，国や社会経済の維持・発展に対する危機感がキャリア教育への期待／課題を生み出してきたといえます。あわせて，新自由主義経済政策に対応できる国民の育成，グローバル経済に対応できる企業人育成といった必要性から展開されてきたと考えられるのです。

　このような課題意識が根底にあるので，キャリア教育には，そういった状況に主体的に対応できる人間，そういう状況の中で力を発揮できる人間の育成が求められます。そしてそれは，「職業を通して」というところに主眼が置かれています。1998年の中央教育審議会への諮問，99年の答申以降，「キャリア教育」は一貫して職業と密接に関係して展開されてきたとまとめることができるでしょう。

　このような傾向を，「はじめに」でも述べた本書の視点である個性化と社会化という観点から考えると，極めて限定された狙いに対してキャリア教育が位置しているといえます。職業を中心にすると，社会化に対応したものとなり，個性化という側面はほとんど取り上げられ

ていません。また社会化においても、社会人基礎力において触れたように、社会人としてというよりも、会社人、産業界が求める「人材」を育成しようとする側面に傾斜しており、この国を、この世界を形成する人間を育成するという点は軽視されがちになると指摘できるでしょう。このようなキャリア教育の方向性では、個性化と社会化を促進し、その調和を目指すものにはなり得ないと考えられます。

3節　協力者会議報告書

▶1　協力者会議のねらい

前節の冒頭でも触れたように、ここで取りあげる「キャリア教育の推進に関する総合的調査研究協力者会議報告書」（2004：以後は協力者会議報告書とよぶ）は、接続答申の次に言及すべきものとも考えられます。しかし本書では、構成のために順序を入れ替えています。

これまでに概観してきた各文書は、政策的、経済的立場の色が強い動向といえます。もちろん、2008年の中央教育審議会への諮問「今後の学校におけるキャリア教育・職業教育の在り方について」で触れられているように、教育基本法において「職業及び生活との関連を重視し、勤労を重んずる態度を養うこと」が教育の目標のひとつにあります。しかし、教育の目標はそれだけではありません。教育現場からすれば、いくらそこを強調されても、それは対応すべき課題のひとつでしかないという認識も少なくはないでしょう。

さらに、教育現場においては従来から進路指導が行われてきました。その定義のいくつかは、すでに第1節に記した通りです。そこで触れたように、学校と職場をどの程度密接につながりのあるものと認識するか、人生の中で職業をどのように位置づけるかという点において、進路指導と接続答申などでのキャリア教育では若干の差異があります。

すなわち、接続答申などでのキャリア教育は、教育現場にとっては

異質ともいえるようなものです。そのようなものを性急に教育現場に持ち込んでも、うまく機能しないことは目に見えています。協力者会議報告書は、これらの乖離を埋めるような位置にあるものと指摘することができるでしょう。そこでまずは、協力者会議報告書の位置づけ、ねらいのような部分を確認しておきたいと思います。

協力者会議報告書は、2002年から文部科学省が開始したキャリア教育の推進に関する総合的調査研究をとりまとめたものです。この研究に際して、文部科学省は以下のような趣旨を掲げています。

> 近年、新規学校卒業者の就職状況は、産業構造や就業構造の変化、景気の低迷等により非常に厳しい状況にある。また、無業者やフリーターの増加、就職しても早期に離転職する者の増加、職業観・勤労観の希薄化など、若者の就職をめぐって様々な問題が指摘されている。
> このような状況の下、学校教育において、人間関係形成能力、進路選択能力、意思決定能力、将来設計能力など社会人・職業人としての基礎的な資質・能力の育成が強く求められていることから、キャリア教育の在り方及びその推進方策等に関し、外部の専門家の協力を得て、総合的な調査研究を行う。
> (http://www.mext.go.jp/b_menu/shingi/chousa/shotou/023/gaiyou/02103001.htm)

ここに列挙されているように、やはり対処すべき問題と認識されているものは、新規学校卒業者の就職状況、無業者やフリーター、早期離転職者、若年者の職業観・勤労観といったものとなります。しかし、この協力者会議が示した報告書には興味深い特徴があります。文部科学省は上記のような趣旨を打ち出しているのですが、報告書の方では少しニュアンスの異なる解釈がされているのです。その「はじめに」から一部を引用します。

> 今日、少子高齢社会の到来、産業・経済の構造的変化や雇用の多様化・流動化等を背景として、将来への不透明さが増幅するとともに、就職・進学を問わず子どもたちの進路をめぐる環境は大きく変化している。こうした中、子どもたちが「生きる力」を身に付け、社会の激しい変化に流されることなく、それぞれが直面するであろう様々な課題に柔軟にかつたくましく対応し、社会人・職業人として自立していくことができるようにする教育の推進が強く求められている。
> 一方、これまでの学校教育の在り方については、学校における取組がともすれば「生きること」や「働くこと」と疎遠になる傾向があったのではないか、ある

> いは，子どもたちが社会人・職業人として基礎的・基本的な資質・能力を身に付けるための取組が十分展開されてこなかったのではないか，さらには，自らの生き方を探求したり主体的に進路を選択決定したりできるようにするための取組が十全に機能していないのではないかといった懸念が，各方面から繰り返し指摘されてきたところである。

　協力者会議報告書においては，この引用した部分が大きな課題であると記されています。これを協力者会議設置の趣旨と比較してみると，少し具体性に欠けるという印象を受けるのではないでしょうか。趣旨では，新規学校卒業者の就職状況，無業者やフリーター，早期離転職者，稀薄な職業観・勤労観と，職業にかかわる具体的な課題が列挙されていますが，協力者会議報告書の「はじめに」には，そのような明確な記載はありません（本文中では，言及されています）。

　これは，おそらく教育現場への配慮もあってのことだと思われます。従来，その理念に沿って進路指導を行ってきた学校現場に，卒業者の就職状況，無業者やフリーター，早期離転職，職業観・勤労観といった職業的課題を直接持ち込んでも，教育現場が対応すべき課題としての同意はなかなか得られないでしょう。もちろん，その背景にある考え方には大きな違いはないので，総論賛成，各論反対的な反応が予想されます。

　また，この協力者会議の主査であった渡辺は，神戸大学発達科学部附属明石校園での講演で，次のように述べています。

> （協力者会議において）キャリア教育という曖昧な言葉ではありますけれども，学校教育の意義を再認識するよい機会が提供されたことに気づきました。まさに「キャリア教育は教育改革運動の理念」なのです。それに気づきますと，従来から「主体性を育てる教育」とか「学校教育の改善」などと抽象的に言われてきたことを，児童・生徒のために具体的に実施できる方策を提示することがキャリア教育提唱の意義であることにも気づきました。(渡辺, 2007)

　たしかに改革という言葉は協力者会議報告書にもありますが，この渡辺の言葉から，キャリア教育というものを用いて，それまでの教育を改革しようという大きな意図がはっきりとうかがわれます。単に学校と職業の接続という課題に対する対応というものではなく，それを

視野に入れつつ教育改革の方向性を打ち出そうとしたものが協力者会議報告書といえるのではないでしょうか。

推測に過ぎない面もありますが，協力者会議がねらったものは，接続答申が提言したものを，従来の進路指導の内容に反しないような形式で教育現場に伝えることと，キャリア教育という名の元に，学校教育全体にわたる改革を行うという点にあったと考えられます。この点において，前節までで概観した報告書や提言とは違う性質を持っていると考えられます。

▶ 2　学校におけるキャリア教育

この協力者会議報告書には，キャリアやキャリア教育という言葉は，広く流布しているにもかかわらず，意味づけや受け止め方が多様であるという認識から，進路指導などの教育現場になじみの深い言葉とキャリア教育を対比させ，キャリア教育の概念を整理し，明確にしようとしています。進路指導を行ってきた学校現場に，キャリア教育を導入しようとする際には不可欠といえる作業ですが，この過程を参照することで，進路指導とキャリア教育の異同がはっきりすると思います。

協力者会議報告書では，まず「キャリア」について「個々人が生涯にわたって遂行する様々な立場や役割の連鎖及びその過程における自己と働くこととの関係付けや価値付けの累積」と記しています。興味深いのは，ここで「職業」という言葉は用いず，「働くこと」という表現を用いている点にあるといえるでしょう。

接続答申は，「働くこと」ではなく，「職業」という言葉を用いていました。もちろん，「働くこと」と「職業」は同じではありません。これらは違う意味をもつ言葉なので，単に表現を変えただけとはいえません。さらに協力者会議報告書では，「働くこと」について，「職業生活以外にも，ボランティアや趣味などの多様な活動があることなどから，個人がその職業生活，家庭生活，市民生活等の全生活の中で経験する様々な立場や役割を遂行する活動として幅広くとらえる必要があ

る」と解説し，留意をうながしています。これは，キャリアという言葉の意味を接続答申などで用いられている意味よりも拡大したともいえるでしょう。

　しかし実際は，協力者会議報告書がキャリアという言葉を拡大解釈したのではなく，接続答申での使用が職業に比重を置き過ぎていたといえます。接続答申での使用は，従来のキャリア理論や海外でのキャリア教育の動向と照らし合わせても，職業という側面に偏った表現であったといえます。

　協力者会議報告書は，このようなキャリアという言葉の意味を，上述のようにより一般的なものとして定義した上で，キャリア教育とは「児童生徒一人一人のキャリア発達を支援し，それぞれにふさわしいキャリアを形成していくために必要な意欲・態度や能力を育てる教育」とし，「端的には，『児童生徒一人一人の勤労観，職業観を育てる教育』」というカッコ付きの付記を加えています。

　この定義を理解する上では，「端的には…」の部分の理解が非常に重要なポイントになるでしょう。協力者会議報告書が提出されて以後，キャリア教育を紹介する際に，「児童生徒一人一人の勤労観，職業観を育てる教育」と，カッコ付きで記された部分のみが引用されるケースも目にします。この部分だけを取りあげると，接続答申の定義とも類似し，「職業や，職業において働くという意識」を育てることと理解されやすくなると思います。しかし，このような理解が誤解であることは明らかです。先に触れたように，この報告書では，キャリアという言葉や働くということについての説明が付されています。この説明部分を理解しないままに，「児童生徒一人一人の勤労観，職業観を育てる教育」を文字通りに受け取ると，誤解につながりやすくなります。

　たとえば勤労観の「勤労」の部分は，働くという言葉を受けていると考えられるので，個人の「職業生活，家庭生活，市民生活等の全生活の中で経験する様々な立場や役割」と解釈すべきでしょう。一般的

にキャリア教育は,職業や職業生活という点に収斂していくようなものではありません。接続答申の示した意味よりも幅広い内容を含んでいる点に留意しておく必要があります。

▶ 3 進路指導からキャリア教育へ

以上のように定義されたキャリア教育ですが,報告書では進路指導とキャリア教育の異同について以下のように記されています。

> 進路指導は,生徒が自らの生き方を考え,将来に対する目的意識を持ち,自らの意志と責任で進路を選択決定する能力・態度を身に付けることができるよう,指導・援助することである。定義・概念としては,キャリア教育との間に大きな差異は見られず,進路指導の取組は,キャリア教育の中核をなすということができる。
>
> しかし,これまで,進路指導の取組がその本来あるべき姿で十分展開されてきたとは言い難いことも事実である。特に,一人一人の発達を組織的・体系的に支援するといった意識や姿勢,指導計画における各活動の関連性や系統性等が希薄であり,子どもたちの意識の変容や能力・態度の育成に十分結び付いていないといった状況は,あまり改善されていないのが実情であろう。キャリア教育は,このような進路指導の取組の現状を抜本的に改革していくために要請されたと言うこともできる。学校における活動全体がキャリア発達への支援という視点を明確に意識して展開される時,従来の進路指導に比べ,より広範な活動がキャリア教育の取組として展開できる。

ここに見られるように,キャリア教育は従来の進路指導と定義や理念のレベルでは継続性を持つことが示されています。本章の冒頭で,接続答申におけるキャリア教育の定義は,進路指導に関わった経験があるものにとっては,かなり違和感のあるものと記しましたが,協力者会議報告書にあるような定義であれば違和感は少ないでしょう。

このようにキャリア教育と進路指導は継続性を持つものと位置づけられるのですが,協力者会議報告書は接続答申で示されたキャリア教育に対して進路指導が抜本的に改革されたものという位置を与えています。本文中では,進路指導とキャリア教育の相違として,「『進路発達』と『進路決定』にかかる一連の指導の充実」および「適応にかかる指導の一層の重視」の2点を指摘しています。

この指摘には，次章以降で触れる提言とも関連する点があります。適応にかかる指導として取りあげられている内容には，以下のような記述があります。

> キャリア教育においては「生きる力」の育成の観点を踏まえ，基礎・基本，を確実に身に付けさせ，豊かな人間性や社会性，学ぶことや働くことへの関心や意欲，進んで課題を見つけそれを追求していく力とともに，集団生活に必要な規範意識やマナー，人間関係を築く力やコミュニケーション能力など，幅広い能力の形成を支援していくことを，これまで以上に重視していく必要がある。

　文章量としては多くないのですが，この一文が含んでいる内容は，非常に幅広いことが理解できると思います。このような点は，従来の進路指導でも考慮はされていた内容です。しかし従来は，どちらかというと進路の選択や決定に比重が置かれてきたため，適応の側面は軽視されがちであったともいえます。しかし，キャリア教育という名称のもとに，このような指導を重視する姿勢を明らかにすることは，学校での活動すべてがキャリア教育とつながりやすくなり，キャリア教育を中心とする教育改革を可能にすると考えられます。

　協力者会議報告書において，学校での活動すべてをキャリア教育と接続することができたのは，その定義によるところが大きいといえます。接続答申の示したキャリア教育の定義では，こういった学校教育の内容全体とキャリア教育のつながりを導くことは困難であったと考えられます。学校においてキャリア教育を進めて行く上では，ひとつのあるべき方向を示唆する，非常に重要な報告書といえるでしょう。

　以上のように，協力者会議報告書は，それまでに概観した報告書等とは少しスタンスの違ったものとなっています。ところが，接続答申は現状の問題に対する対応策の提案であり，対応策としてキャリア教育という概念を持ち出しているわけです。すなわち，ここにあるのは従来の進路指導が問題を抱えていたという認識に他なりません。協力者会議報告書のいうように，キャリア教育は進路指導と継続性を持つものですが，それらを同じものとしてはならないという点には留意しておくべきでしょう。

▶ 4 キャリア教育の抱える問題

 以上のように,協力者会議報告書はキャリア教育を学校に導入するための重要な位置にあるものです。しかし,この報告書においても不明確なままに留まっている重要な点があります。それはキャリア教育の評価,効果についてです。

 協力者会議報告書でも評価の重要性は指摘されていますが,キャリア教育はどのように評価すべきものなのかというところまでは踏み込んでいません。近年では,2006年に「高等学校におけるキャリア教育の推進に関する調査研究協力者会議」が報告書を提出していますが,そこでは以下に示すように,評価方法の検討が必要であることを指摘しています。すなわち,まだ適切な評価方法が定まっていないのです。

> 提言4(国・教育委員会・学校)
> ○キャリア教育の適切な評価及び生徒の評価方法の検討
>   キャリア教育の計画及び実践を,その目標を達成し,さらにより効果的な実践に発展させていくためには,適切な評価を行うことが重要である。このためキャリア教育についても,PDCAサイクルによる評価を導入することを求めたい。
>   生徒の学習活動の様子やその成果等から,指導計画や指導方法等が妥当なものであったかどうかを評価し,改善につなげていくことが大切である。たとえば,生徒一人一人のキャリア発達の状況を的確にとらえるとともに,生徒自身が自己理解を深めることも重要である。そのための具体的な方法として,自己評価カードやポートフォリオ等を用いることが有効であることなど,キャリア発達の評価方法等について,各学校,各都道府県教育委員会及び国等において,検討することを求めたい。

 キャリア教育の定義や多様なねらいは,その達成度を測定し評価することが困難という特徴を持っています。たとえば何らかの職業的技能や,離転職率などは把握しやすい指標と考えられますが,これが(これだけが)キャリア教育の成果とはいえません。協力者会議報告書の定義には,意欲や態度といった言葉も入っていますが,本来キャリア教育は主として意識面にアプローチするものであることは明らかです。そうであれば,キャリア教育の成果を検討するための適切な評価は,意識面そのものを指標にしなければなりません。心理測定の手

法を用いれば意識面を測定することは可能でしょうが，意識を指標とすることには反対も予想されます。

　本章1節，2節を通して，キャリア教育の求められる背景を検討しましたが，明らかにそのねらいは，早期離転職やニート，無業者等の社会問題の解決，すなわち人の行動の修正にあります。現在はそれほど表面化していないようですが，キャリア教育自体は意識面へのアプローチであるものの，期待されているのは行動の変容であるという不一致が存在します。それゆえ，キャリア教育が意識面を重視した評価を行おうとしても，行動の変容を期待する人々から注文がつく可能性は容易に予想できます。

　もちろん，「意識が変われば行動も変わるはずであるから，行動を指標とすればよい」という考え方もあるでしょうが，行動をもって意識の指標とすることは不適切ともいえます。喫煙に関する意識と行動の関連など，それらが一致しない場合はいくらでも例示できます。

　今後，キャリア教育の成否をまとめる際には，何をもって効果とするべきなのかといった評価に関する議論が大きなポイントになると予想されます。協力者会議報告書の定義を基本に据えるならば，その定義をキャリア教育にかかわる全員が共有し，意識面を重視しているという点の確認が不可欠でしょう。将来，「離転職率が低下したため，キャリア教育は効果があった」「離転職率が低下しなかったため，キャリア教育は効果がなかった」などといった的外れな議論をしないためにも，キャリア教育の定義や理念の認識と，評価方法の早期の確立が求められます。

第2章
キー・コンセプト

　前章では，現在のキャリア教育を概観し，キャリア教育が推し進められている背景をまとめてみました。本書は，こういった背景をもつキャリア教育に対してセカンド・オピニオンを提示することが目的なのですが，それを提示する前に，鍵となる概念，言葉を整理しておく必要があると思います。キャリア教育の中で用いられている言葉には，一般的な言葉であるがゆえに理解が難しいものがいくつか含まれていると感じています。こういった言葉の整理をしないままに意見を提示することは，誤解を招くことにもつながるでしょう。本章ではじっくりと言葉を吟味し，それぞれの概念の位置づけをはっきりとしておきたいと思います。

　図1に，本章で取りあげる代表的な言葉と，その関係を示しておきました。それぞれの言葉が意味するものは何か，なぜそのような関係になるのかというところに留意していただければと思います。

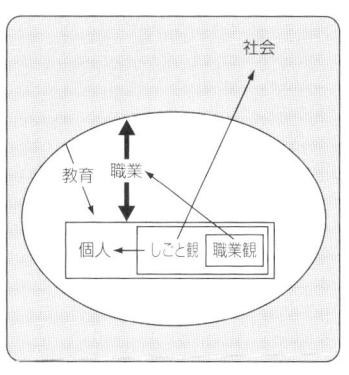

図1　本章で取りあげる言葉とその関係

1節　社会と職業と個人

▶1　職業

　まずは図1の「社会」「職業」「個人」の3つの言葉から始めてみたいと思います。その中でも，最初に「職業」という言葉を取りあげます。

　前章でキャリア教育を概観しましたが，やはり職業というものが強く意識されています。つまり非常に重要な位置にあるものなのですが，職業というものは非常に理解が難しい概念でもあります。

　いったい，「職業」とは何でしょうか。どのようなものを，「職業」とよぶべきなのでしょう。

　職業は広く一般的に用いられている言葉ですし，その意味は自明とも思える言葉だと思います。しかし，その意味をきちんと押さえている人は多くはないと思います。また，「仕事」や「働くこと」という，職業に近いと考えられる言葉も頻繁に用いられますが，これらと職業の異同はどうでしょう。

　こういった言葉の整理がついていないまま，キャリア教育の中で職業を取りあつかうのは難しいといえるでしょう。同様な指摘は，梅澤（2008）も行っています。梅澤は，近年のキャリア教育に関する代表的な書籍（『13歳のハローワーク』村上，2003；『14歳からの仕事道』玄田，2005；『若者と仕事』本田，2005）においても，職業観・勤労観を育む学習プログラムの枠組み（この枠組みは，国立教育政策研究所生徒指導研究センターの報告書「児童生徒の職業観・勤労観を育む教育の推進について」（2002）に収録）においても，職業とは何かについては説明されていないと指摘しています。そして職業に対する無理解が，就職活動や人生における様々な問題のもとになっていると位置づけているのです。私もこの意見に同意します。協力者会議報告書を含

め，前章で取りあげたすべての文書でも，やはり職業とは何かということは触れられていないのです。

梅澤（2008）のいうように，職業という言葉については，その自明性を疑問視し，それ自体を検討してみる必要があると考えます。もちろん，それによってキャリア教育において重要視されている他の言葉についても再検討する必要が生じてくるかもしれません。こういった概念についての検討は，近年では正面から取りあげて論じられることが少ないテーマですが，キャリア教育を考えていく上で，どうしても避けて通ることはできないところだと思っています。

そこで「職業」を国語辞典でひいてみると，たとえば広辞苑では「日常従事する業務。生計を立てるための仕事。生業。なりわい。」と説明されています。国語辞典に記載されている内容なので，おそらく，これが一般的な職業という言葉についての理解と考えてよいでしょう。この事実は，「これ以上の意味を職業という言葉が持っている」，「職業にはもっと複雑な意味がある」といったことが一般的に認識されているとはいえない，ということを示唆しているともいえます。

では，キャリア教育で用いられる「職業」という言葉はどうでしょう。実際のところ，キャリア教育で用いられる職業という言葉に与えられた意味は，一般的に用いられている言葉の意味よりも複雑であるといえます。多少複雑ではありますが，その意味を理解することができれば，職業について考えることが少し楽になると考えられます。

これまでの研究において，「職業とは何か」という問いに取り組んだものはいくつかあります。その中に，古いものではありますが，現在でも言及される著名なものとして，尾高（1941）による考察がありますので，これについて紹介します。

尾高（1941）は，職業とは何かということに一義的な規定を行うことは困難であるとしながらも，大きく3種類の見解があることから，「職業とは個性の発揮，連帯の実現及び生計の維持を目指す」という「人間の継続的なる・行為様式である」と，3つの要素を含んだ定義

を行っています。なお，同書では，注記として，文部省主催職業指導協議会の答申に含まれる定義（「職業とはその人がその性能に応じて共同生活のある部門を分担し，これに参与貢献すると共に，通常これによって受ける報酬をもってその生活を維持充実する継続的勤労なり」大日本職業指導協會編　職業指導パンフレット，第十三輯，昭和十三年；尾高，1941 より）も紹介し，ここにも類似した3つの要素が取り入れられていると指摘しています。

この3要素を簡単にまとめると次のように表現できるでしょう。

- 経済的側面　勤労の代償として生活のための収入を得る。
- 個人的側面　（適材適所の考え方により）個性を発揮する。
- 社会的側面　社会の構成員として，分担する役割を果たす。

尾高は，これらの3つの要素を追求する継続的な行為を職業とよんでいます。そしてこれらの要素の間の関係が調和的である場合に，職業は理想形態となると指摘します。もちろんその調和が崩れる場合もありますが，いずれかの要素がまったくなくなるような場合は想定されていません。そのような場合（たとえば，ボランティアなどが該当するでしょう）は，職業ではないというわけです。

3つの要素のうち，経済的側面は理解しやすいでしょうが，あとの2つについては少し説明が必要でしょう。個人的側面は，個性に合った場，個性を発揮できる場という面です。職業において自分の個性を活かしたいというような発想は，職業のこの側面に意識が向かっていることを示しています。尾高も，各自は他者と異なる個性を持っているという前提にたちます。そしてその個性に合った仕事に就くことが適切で，そうでなければ人は不幸にもなると指摘します。しかし，尾高の視線は個人だけに注がれているわけではなく，社会にも向けられています。つまり，個人が個性に合った仕事に就くことは社会的利益になり，それを誤ると社会的損失につながるというのです。このように，個人的側面は個人の中で完結するものではなく，社会というもの

ともつながっています。

　社会的側面は，さらに社会というものに目が向けられる側面です。人は社会の中で生活している限り，誰もが自分の役割を持たなければなりません。人々はお互いに補い合って社会生活を営んでいきますが，そこでは誰もが他の人の何かを補う役割を持っていて，これを果たすことがその人をその社会の一員にしています。尾高は，その役割を果たすことが職業の1要素だと指摘し，そのために職業は社会生活の根幹を形成するものと述べています。

　では，このような職業の意味を，先の辞典の意味と比較してみましょう。広辞苑には「日常従事する業務。生計を立てるための仕事。生業。なりわい。」とありますが，この定義の中には社会という言葉は見られません。そして第二義以後は，経済的側面に言及したものといえます。言うまでもありませんが，個人的側面に関しては，まったく触れられていません。

　すなわち，「職業」という言葉を国語辞典的な意味として理解することは間違いではありませんが，職業というものをしっかりと考えるために適当な参照先とは言い難い部分もあります。国語辞典的に理解すると，「社会」というものを見落としたままで「職業」を考えてしまう危険性があるのです。

　職業という言葉は，この社会においてありふれた言葉になっています。そして，それゆえにしっかりと理解しないと，職業という言葉を用いて的外れな思考をしてしまう可能性もあるのです。職業がキャリア教育において重要な位置にあることは明らかであり，そのため「職業」という言葉自体より丁寧に扱う必要があるといえるでしょう。そして，その際に重要な鍵を握っている概念が次に述べる「社会」と「個人」なのです。

2　社会と個人

　ここでは，社会，個人という言葉と，それらと職業というものの関

係について考えてみたいと思います。なぜこのようなことを考えるべきなのかを理解するために,「職業」と「仕事」の違いから話を始めます。

仕事という言葉は,職業という言葉の意味と同じでしょうか。もし仕事と職業が同じ意味を表す言葉ならば,どのような場合でも言い換えが可能なはずです。我々が日常でそれらの言葉を使う際には,言い換えても問題が無い場合もありますが,職業でなければならない場合,仕事でなければならない場合もあります。すなわち,これらの言葉が意味する内容は同じ部分もあるけれども,違っている部分もあるということです。

ここでは藤本(1991)がまとめた図を参考にしてみます(図2参照)。藤本は仕事や職業に関連するような言葉の意味内容を図のように表現しています。この図から読みとれるように,しごと(仕事)は職業を包括する概念と位置づけられています。たしかに国語辞典を参照してみても,「仕事」は何らかの目的を意識した活動全般を指す言葉と解説されています。一般的に,「しごと」の「し」はサ変動詞「す」の連用形,「仕」は当て字なので,もとは「すること」という意味と解されています。職業も目的を意識した活動ですから。仕事に含まれると考えられます。これを藤本(1991)は,「しごとのうちの社会的分業として容認され,したがって報酬を伴うもの―それは社会制度の中に組み込まれたことを意味し社会的責任と課業としての力を伴う―が職業である」とまとめています。

なお,藤本によるこの記述は,彼自身の職業の定義でもあります。藤本は前述の尾高(1941)の定義には賛成できないという立場から,職業についてこのように定義しているのですが,それは尾高の定義から個人的側面をのぞいた,残りの2つの要素を含むものとする立場です。ここでは藤本が尾高とは異なる立場をとる理由については触れませんが,職業は社会的分業(社会における役割分担)という意味を持つという点では一致しています。

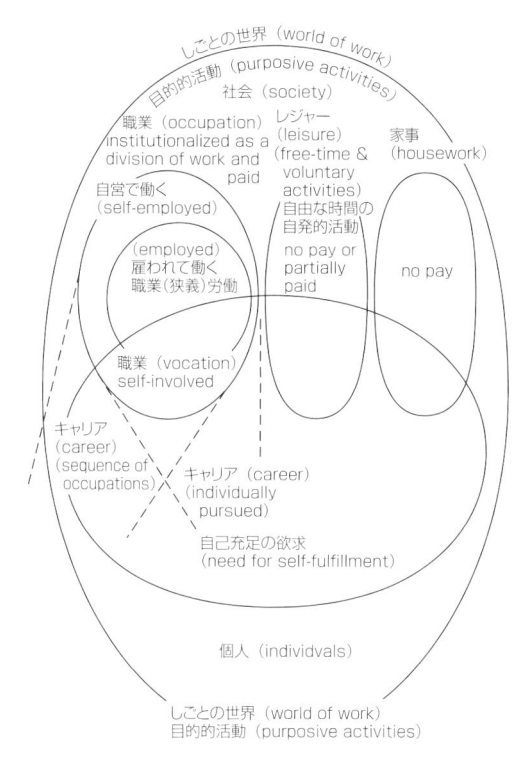

図2 しごと，職業，レジャーの関係図（藤本，1991）
(注) ここでは、「仕事」は「しごと」と、かな書きで表記されています。これは、漢字で書くと「職業」などと混同されてしまうためと説明されています。

　このように，仕事と職業は，ともに何らかの目的を意識した活動を意味するのですが，その中でも，社会的分業（役割分担）をともなう活動を意味するのが職業という言葉なのです。私たちが日常生活において，職業という言葉でなければならない場合，仕事という言葉でなければならない場合でうまく使い分けられているのは，このようなニュアンスの違いに何となく気づいているからだといえます。ただし，何となく気づいているのであり，藤本のように厳密に異同を考えるよ

第2章　キー・コンセプト　39

うなことは少ないと思います。

さて、話を本筋に戻します。ここでは社会や個人と、職業の関係を考えていこうとしているのですが、これまでのことから、社会における分業、分担を引き受けるものが職業といえます。このようにまとめてしまうと、その関係は簡単なように思えるのですが、実はここにはさらに難しい問題が潜んでいます。それは、「社会とは何か」という問題です。

現在では、社会という言葉は頻繁に使われているので、何となくわかったような気になりがちな言葉ですが、いざ「社会とは何か」と尋ねられると返答に窮してしまう言葉ではないでしょうか。そこで、この言葉についても整理をしておきたいと思います。この社会という言葉を整理すると、必然的に個人という言葉の意味も明らかになってきます。

社会は、古くから日本語として存在している言葉ではありません。それはsocietyの訳語として明治初頭に作られたものです。もちろん、社会と密接に関係する「個人」（individual）という言葉も同じ時期に訳語として成立しています。齋藤（1977/2005）によると、「社会」は明治10年ごろ、「個人」は明治17年ごろに訳語が定着したと考えられます。そして、社会や個人といった訳語が定着するまでには、何年もの時間とさまざまな試行錯誤が費やされたといわれています。

なぜ訳語が確定されるまでに時間がかかったといえば、日本にそのような概念が存在しなかったためでした。明治維新頃のことですので、徳川幕府による支配体制から、鎖国が解かれ海外の動向が入って来やすくなった頃、不十分な部分があったにしても民主主義が持ち込まれた頃、という当時の状況を想像しながら考えてみてください。

当時の日本の知識人は、欧米には「同質平等な個人とそれら個人のつながりとしての社会というもの（齋藤、1977/2005、p.185；傍点は齋藤による）」が存在するようだと考え始めたのですが、このような状況は、それまでの日本には存在しませんでした。それまでの日本の

歴史を思い出してみるとわかるでしょうが，「同質平等な個人」が存在したと考えられる時期は思い当たらないでしょう。天皇，将軍を頂点とする統治制度の中では，「同質平等な個人」というような考え方は生まれません。

ところが，「社会」と似た，「世間」や「世の中」という言葉は古くから日本語の中にありました。そのため，もしsocietyの意味が「世間」もしくは「世の中」と同じだと当時の人が判断していたら，すんなりと訳語は確定していたはずです。しかしそうはせず，試行錯誤を重ねたようです。このことを考慮すると，「世間」や「世の中」はsocietyの意味を表わしていないと判断されたのでしょう。すなわち，「世間」や「世の中」とsocietyは異なっており，societyを表現する言葉として「社会」が作り出されたと考えられます。

このようにして社会，個人という言葉が作られてから百数十年が過ぎ，その言葉も一般的になりました。しかし反面で，社会とは何か，社会を知るということが何を意味するか，個人と社会の関係はどういうものなのかということを突き詰めて理解しようとする姿勢は稀薄になっているように思われます。その結果，社会という言葉は，よく耳にし，また何となく意味はわかるものの，はっきりとはわからない言葉となっているのではないでしょうか。これは同時に，個人という言葉や，個人と社会の関係についても理解し難くさせているように思います。

社会学の辞典などを参照すると，「社会」にもいくつかの意味が与えられていますが，基本的には「個人がつながっている様相」，「個人のつながり」のことを指すと考えてよいでしょう。職業は，先に述べたように社会における役割分担という性格を持っています。すなわち職業は，個人のつながりの中における役割分担を意味するということになります。

第2章　キー・コンセプト

▶ 3　職業の位置

　以上のように，社会と個人は1つのセットともいえるものです。そして職業は，社会における役割分担という性格を持っています。これらの関係に対して，前述の尾高（1941）は興味深いたとえを用いています。社会を「全」，個人を「個」にみたて，職業を「分」として位置づけるのです。「分」は，全と個をつなぐ通路のようなものだといいます。

　さらに別書（尾高，1944）では，その「分」（職業）は「個」によって選択されるものであるけれども，「全」（社会）における「個」という位置を見失ってしまうと，「分」（職業）の意味も失われてしまうといいます。これは，社会の中，すなわち個人のつながりの中に自分が位置するということを考慮しないまま，個人の好みで職業を選ぶようなことをすると，社会と個人をつなぐ職業の意味自体が消滅するという指摘です。職業の意味が消滅するということは，職業の3要素のいずれかが欠落してしまうという意味でもあるでしょう。3要素のいずれかが欠落してしまうと，それは職業ではなくなるので，そういった職業は存在しないという意味でもあるでしょう。このため，社会と個人の関係づけが，職業には不可欠といえます。

　このように表現すると，堅苦しい，難しい話のようにも思われるかもしれませんが，決して研究者だけが知っているような知識ではありません。以前から指摘され続けている，あたり前の知識ともいえるものなのです。

　たとえば，誰もが知っている夏目漱石も似たようなことを話しています。夏目は有名な作家ですが，小説以外に講演の記録なども残されています。夏目は講演もうまい人であったようですが，明治44年に行った「道楽と職業」という講演で，仕事（ここでは職業という意味が強い）は他人のためにするものであると言っています。さらに「人のためにというのは，人の言うがままにとか，欲するがままにという

いわゆる卑俗の意味で，もっと手短に述べれば人の御機嫌を取ればというくらいの事に過ぎんのです。」「人のためにする結果が己のためになるのだから，元はどうしても他人本位である。既に他人本位であるからには種類の選択分量の多少すべて他を目安にして働かなければならない（夏目，1913/1978)」と述べます。

　ここで「人」「他人」と表現されているものは，社会と読み替えてもかまわないでしょう。職業においては，社会を構成する多数の個人を目安にしなければならないと徹底的に語っています。

　しかし，もしかすると，このような引用には疑念をもたれる読者がいらっしゃるかもしれません。夏目の「私の個人主義」という講演のことを知っていればなおさらでしょう。

　大正3年に学習院で行われた，「私の個人主義」と題された講演は，職業においても自分のやりたいことを追求しなければならないという主旨のことが語られていることで有名です。そしてそれは，「道楽と職業」の内容とはかなり違っているようにも思えます。しかし，これらは異なっているのではないと考えられます。「道楽と職業」においても，自己本位的でなければならない職業もあると語っている部分があります。それは，芸術家や科学者といった職業です。ただし，それらは職業における一種の変態であり，食べられなくて飢えても仕方のない職業であると釘を刺しています。そして，他人本位が通常と何度も語っているのです。

　また，「私の個人主義」は学習院の学生を対象に行われた講演です。当時の学習院（現在の学習院大学）といえば，皇族，華族のための官立の学校でした。一方「道楽と職業」は，大阪朝日新聞社の主催で兵庫県の明石において開催されたものです。この2つでは，聴衆はかなり違った社会的地位にあったと考えられます。「私の個人主義」の内容は，特殊な地位の学生を相手に語られたということを加味して考える必要があるでしょう。

　以上のように，職業と社会は切り離して考えることができないよう

なものです。もちろん、個人というものも切り離せません。個人が職業を考える時、それは自分という個人と、社会の様相、すなわち自分以外の多くの個人の間の関係を踏まえ、そこに加えて、自分と社会の関係、すなわち自分という個人と、自分以外の多くの個人との関係を考慮することが必要になります。そして社会にどのような役割分担を見いだし、引き受けるかということが、自分と社会をつなぐ職業を位置づけることにつながるわけです。簡単に表現すれば、夏目が言うように、人のためにする結果が自分のためになるのだから、他者を目安にして自分が引き受けられる役割（職業）を考えるということになるでしょう。

このような関係を図1では、社会という母体の中にある、個人という胎児のイメージで図示してみました。個人は個人ですが、社会に含まれる存在なので、社会の内側に位置させています。そして個人と社会をつなぐ、いわばへその緒（臍帯）のようなものとして職業を位置させています。

2節　教育

▶1　誰が教育に期待するのか

次に、「教育」について触れてみたいと思います。キャリア教育の、「教育」の部分についてといってよいでしょう。

また言葉の問題から入りますが、教育とは何でしょうか。すでに、職業や社会、個人という言葉について考えてきましたが、それらと同様、教育という言葉も、あらためて説明を求められるとかなり難しい言葉だということに気づくことができると思います。

いくつかの国語辞典を参照すると、一般的に、他者に意図的に働きかけ、その人を望ましい方向へと変化させることというような意味があることがわかります。ここで興味深いのは、それが意図的なもので

あり、人を望ましい方向へ導くこと、という点にあるのではないでしょうか。つまり、教育とよばれるには、それが何かを意図したものであり、その何かというのは望ましいという方向性を持っている必要があるということです。

こうなると、「望ましい」とはいったいどういうことなのか、という疑問が生じてくるでしょう。それは誰から見て望ましいということなのでしょうか。また、誰にとって望ましいということなのでしょうか。

このような点についての議論は、それぞれの人が持つ価値観によってかなりの違いがみられることだと推測します。そこでここでは、一つの見方として教育基本法(注)にみられる視点を検討してみます。

前文
　我々日本国民は、たゆまぬ努力によって築いてきた民主的で文化的な国家を更に発展させるとともに、世界の平和と人類の福祉の向上に貢献することを願うものである。
　我々は、この理想を実現するため、個人の尊厳を重んじ、真理と正義を希求し、公共の精神を尊び、豊かな人間性と創造性を備えた人間の育成を期するとともに、伝統を継承し、新しい文化の創造を目指す教育を推進する。
　ここに、我々は、日本国憲法の精神にのっとり、我が国の未来を切り拓く教育の基本を確立し、その振興を図るため、この法律を制定する。

第一章　教育の目的及び理念
(教育の目的)
第一条　教育は、人格の完成を目指し、平和で民主的な国家及び社会の形成者として必要な資質を備えた心身ともに健康な国民の育成を期して行われなければならない。
(教育の目標)
第二条　教育は、その目的を実現するため、学問の自由を尊重しつつ、次に掲げる目標を達成するよう行われるものとする。
一　幅広い知識と教養を身に付け、真理を求める態度を養い、豊かな情操と道徳

(注) この2006年に施行された教育基本法については、その改正を巡り多様な議論があったことは周知の通りです。ここでは、その改正の手順や新法の是非について論じようとしているものではありません。これが現在の教育の背景に存在するものであるという認識と、それゆえ学校でおこなわれるキャリア教育も影響を受けていることを確認することが目的です。

心を培うとともに，健やかな身体を養うこと。
　二　個人の価値を尊重して，その能力を伸ばし，創造性を培い，自主及び自律の精神を養うとともに，職業及び生活との関連を重視し，勤労を重んずる態度を養うこと。
　三　正義と責任，男女の平等，自他の敬愛と協力を重んずるとともに，公共の精神に基づき，主体的に社会の形成に参画し，その発展に寄与する態度を養うこと。
　四　生命を尊び，自然を大切にし，環境の保全に寄与する態度を養うこと。
　五　伝統と文化を尊重し，それらをはぐくんできた我が国と郷土を愛するとともに，他国を尊重し，国際社会の平和と発展に寄与する態度を養うこと。

　教育基本法の前文には，「我々」という言葉が用いられています。これは日本国民という意味でしょう。その我々が期待し，推進するのですから，望ましいと誰が判断するのかというと，ここでは「日本国民が」ということになりそうです。また，「…を備えた人間の育成を期する」ということですので，我々が誰に期待して教育を施すのかというと，「人間」ということになります。

　ここにある日本国民，人間という言葉を，前節でみた社会と個人という関係でとらえ直してみます。そうすると，「我々日本国民は…」と表現されているので，日本を構成する多数の個人のこと，つまり社会のことを指すと考えてよいでしょう。次に人間の方ですが，これは個人を意味すると考えると納得しやすいのではないでしょうか。「…を備えた人間の育成を期する」という部分で，「人間」に代えて「社会」，「個人」という言葉をあてはめてみると，「個人」の方があてはまりがよいと思います。

　以上のように，教育基本法を私なりに解釈してみると，教育は社会が社会のために，個人に対して期待することを具体化したものとなります。図1には，社会から教育を通して個人へという矢印を記入しましたが，それは期待の方向性を示したものです。

　このように表現すると，個人が期待するものは教育にならないのか，という意見が出てきそうです。もちろん，そのような場合もあるでしょう。しかし，公的な取り組みと，私的なものは区別して考えた方がよいと思っています。たとえば私立学校も含め，国民が納めた税金か

ら補助を受けている学校は公的，そのような補助のない塾や家庭教師は私的というようにです。

　たとえば資格をとるとか，家庭教師をつけるといった，社会ではなく個人が期待する教育を受ける場合，自分ですべての教育費をまかなわなければならないことが多いでしょう。反対に，国などからの補助が出ている教育においては，個人の自由は制限されます。学ぶ内容や時間は個人の自由になるものではなく，社会的なルールによって定められている場合が多いでしょう。すなわち，公的な教育は，社会が個人に期待する内容や程度によって形作られていると考えられます。

　また苅谷（2004）は，これまでのアメリカでの教育の展開をまとめています。そのなかに，教育費を公費でまかなうことについての動きが記されています。たとえば無償のハイスクールを拡大していく際には，そうする理由が必要になりました。しかし，一部の人しか利用しないハイスクールを拡大するために税の負担が多くなることには，反対する声も大きかったようです。それに対して，どのようなメリットがあるのかを説明し，説得することが不可欠でした。

　このような際に語られた内容の一部を転載します。

> 　たとえば，私のいるニューオーリンズを例にとろう。そこには二つのハイスクールがあり，それにかかる費用は，市の学校教育費のおよそ二五分の一ほどである。これらの学校が二五分の一以下の成果しかもたらしていないか，考えてみるとよい。同窓会に行って，新聞社や市議会や会計事務所や農場や工場に行って，卒業生たちがどれだけの知的，道徳的，社会的な価値をもたらしているか予想してみるがよい。そして，これらの紳士たちが州にもたらしている知性と美徳がいったい何ドルくらいの価値になるのかを自問してみるがよい。(Seaman, 1885；苅谷，2004より)

　簡単にいえば，ハイスクールは生徒が個人的に益を得られるものではなく，それは社会という全体に対して益をもたらしている，ということです。そしてその益は知的，道徳的なものでもあり，「新聞社や市議会や会計事務所や農場や工場」と羅列されているように，経済的価値でもあります。ハイスクールでの教育の恩恵を社会全体が享受で

きるから，公費を投入し無償のハイスクールを拡大すべきである，という説明です。

アメリカでは，こういった議論をしながら公教育を展開してきました。日本はこの発想をほぼそっくり引き継いでいます。これは，個人が期待する教育とはずいぶん異質なものといえるでしょう。そのため，ここで考える教育と個人が期待する教育は区別しておいた方がよいと考えます。国が考える教育の主たる方向性は，社会が個人に，という方向であるといえます。

▶ 2　教育に期待される方向

次に，どのようなことが望ましいとされるのかという問題について考えてみたいと思います。教育基本法の「教育の目的」にあるように，それは「人格の完成を目指し」，同時に[注]「平和で民主的な国家及び社会の形成者として必要な資質を備えた心身ともに健康な」人といえるでしょう。より具体的には，基本法の「教育の目標」に表現されています。

ここにおいて明らかなことは，教育は，個人的という側面と，社会的という側面の2つを併せ持っているということです。「人格の完成を目指し」という部分は個人的といえるでしょう。そして「平和で民主的な国家及び社会の形成者として必要な資質を備えた」という部分は社会的という表現が適切と考えられます。先に述べたように，教育は社会が期待するという方向性が主と考えられるのですが，単に社会的な側面への期待だけでなく，個人的な側面への期待も含んでいるという点は興味深いと思います。

さて，教育にはこのような2つの側面がありますが，このことは教

(注) ここで，前後の2つを「同時に」という言葉でつないだのは，国会での生涯学習政策局長の説明において，「人格の完成を目指し」と「平和で民主的な国家及び社会の形成者…」が「同時に」という言葉で結ばれているためです。（文部科学省，「教育基本法改正に関する国会審議における主な答弁」http://www.mext.go.jp/b_menu/kihon/discussion/index.htm）

育に期待される方向を考える際の難しさを生じさせていると考えられます。その困難のひとつは，社会というものに目を向けているという点から生じているといえるでしょう。さらに，側面が2つであるがゆえに，その両方を視野に入れたバランスのよい方向を探るために十分な議論が必要になるという難しさもあります。

　まずは，社会に目を向けることから生じる困難について考えてみます。昭和22年からスタートした学習指導要領（小学校から高等学校，特別支援学校の各教科であつかう内容などを定めたもの）は，これまでほぼ10年程度で変更が繰り返されてきました。このような変更は，その時々の教育思想の影響はもちろん，社会情勢の認識とそれへの対応という意味も多分に含まれます。たとえば，後に詰め込みとして批判される昭和46年度から実施された指導要領は，ソビエト連邦のスプートニクの打ち上げや，アメリカのスプートニク・ショックへの教育的対応といった世界情勢が影響しているとされます。スプートニク・ショックとは，ソ連が1957年10月4日に人類初の人工衛星「スプートニク1号」の打ち上げを成功させたことにより，アメリカ合衆国の政府や社会に走った衝撃や危機感のことです。アメリカはその対応として，理科系人材開発の視点から教育内容の見直しなどに着手しました。これが日本にも影響したということです。その次の，昭和55年度からの学習指導要領は，詰め込み教育への反省からゆとりが重視されています。

　社会情勢の変化は，その時点もしくは近い将来に望まれる社会の形成者像の変化を導きます。社会の形成者像の変化は，形成者として必要な資質の変化でもあります。すると，それを育成するための教育カリキュラムも変更が必要になり，カリキュラムの柱となる学習指導要領も変更されるという関係にあります。すなわち，社会は常に変化し続けているので，教育の社会的側面の方向性も安定せず，常に変化し続けるものと考えられます。

　次に，教育の2つの側面について考えてみます。教育基本法では，

個人的な側面と社会的な側面は,「同時に」目指すものと位置づけられていました。しかし,「同時に」目指すとされた2側面の関係までは示されていません。では,これらの2側面は,どういう関係にあるものと考えられるのでしょうか。

本書「はじめに」でも触れましたが,人間の発達には2つの側面,個性化と社会化があります。この心理学における分類と,教育の目的の分類はかなりの類似性があり,ほぼ一致しているといってよいでしょう。教育の目的における,平和で民主的な国家及び社会の形成者として必要な資質を備えるという側面は,発達の社会化の側面とほぼ一致します。他方で,人格の完成は,各個人の備えるあらゆる能力を可能な限り,かつ調和的に発展させることを意味すると解釈されます(たとえば,文部科学省,「教育基本法改正に関する国会審議における主な答弁」http://www.mext.go.jp/b_menu/kihon/discussion/index.htm)。これは,それぞれのユニークさの追求と調和的発展といえ,発達における個性化と対応するといえるでしょう。しかし,調和した状態とはどのような状態であるかは自明ではありません。

発達心理学的には,この2つの側面は,ともに人間の望ましい発達に欠かすことはできず,うまい調和をみせる状態が望ましいといえます。このことから,教育においても単に「同時に」目指すものというだけでなく,2側面の「調和」も重要と考えられます。

以上のように,教育において望ましいとされる方向をはっきりと定めることは難しいのですが,本節の最後に個性化と社会化という2つの側面から,近年のキャリア教育を概観してみます。前章で指摘したように,そこではニート,フリーター,無業者,早期離転職者などという人々の存在が共通して問題視されていました。そして多くのものは,この問題の解決をキャリア教育に期待していました。すなわち,ニート,フリーター,無業者,早期離転職者は,社会的に望ましくなく,そうならないことを目指すという方向性がキャリア教育に与えられているのです。これは,教育の社会化という側面を重視し,強調し

ているスタンスといえるでしょう。

　もちろん教育は社会の期待を背負うものですから，社会化という側面が強調されることもやむを得ないかもしれません。しかしながらキャリア教育も，ひとつの「教育」ですから，社会のためだけであってはならず，個人のためという目標をも同時に考慮しながら，望ましい方向へと導く必要があります。そして，それらの調和ということを視野に入れなければなりません。キャリア教育が教育であるためには，教育の2つの側面をどのように取り入れ構造化していくかということを，もっと議論しなければならないといえるでしょう。

3節　職業観としごと観

▶ 1　既出の定義

　次には，図1の職業観としごと観について述べていきます。

　近年のキャリア教育において，頻繁に登場する言葉に，職業観や勤労観があります。前章でも何度も出てきている言葉であり，接続答申では，キャリア教育は「学校教育と職業生活の円滑な接続を図るため，望ましい職業観・勤労観及び職業に関する知識や技能を身に付けさせるとともに，自己の個性を理解し，主体的に進路を選択する能力・態度を育てる教育」と定義されていました（中央教育審議会, 1999）。この答申もそうですが，職業観や勤労観と，フリーターやニート，早期離転職等の問題とは関連があるだろうということが，ほぼ一貫して指摘されています。そのため，現在の社会的課題への対応として注目されている概念といえます。

　では，職業観や勤労観とはいったい何かを考えてみると，やはりこれも既出の言葉と同様にとても難しい言葉だということに気づくでしょう。さらに，これらの言葉には「望ましい」というような表現が加えられることが多いのです。つまり，どのような職業観や勤労観を望

ましいとすべきなのかということも考えておかなければなりません。

　この問題に対する一つの答えは,すでに提出されています。2002年に,国立教育政策研究所生徒指導研究センターは「児童生徒の職業観・勤労観を育む教育の推進について」と題された報告書（以後,センター報告書と略す）を発表しています。このタイトルが示すように,職業観や勤労観が中心的に取りあげられているので,まずはこれを参照してみたいと思います。ちなみに,2002年の発表ですので,接続答申の後,協力者会議報告書の前という位置になります。

　職業観も勤労観も「観」という文字が付されています。センター報告書では,「一般に『○○観』は,外界とのかかわりを通して個人の内面に形成されるものであって,対象とする事柄（この場合は職業や勤労）を,自己に引きつけ自分自身の問題として考えるところに成立するとされる」と述べています。そして,外界とのかかわりによって形成されるものであるから,それは固定的なものではなく,また能動的なものだと指摘しています。さらに,職業観や勤労観については次のようなものと記しています。

　　「職業観」は,人それぞれの職業に対する価値的な理解であり,人が生きていく上での職業の果たす意義や役割についての認識である。「職業観」は,人が職業そして職業を通じての生き方を選択するに当たっての基準となり,また,選択した職業によりよく適応するための基盤ともなるべきものである（平成4年「文部省進路指導資料」）。ここでいう「価値的な理解」とは,世の中にはどんな職業があり,それぞれの職業ではどのような仕事をし,どんな専門的な資質・能力が必要なのかなどについての知識・理解をもとに,自分はどの職業にどんな働きがいや誇りを見いだそうとするのか,あるいは,生きていく上で職業にどのような意味づけを与えていくかということである。

　　「勤労観」も同様に,勤労に対する価値的な理解・認識である。職業としての仕事や勤めだけでなく,ボランティア活動,家事や手伝い,その他の役割遂行などを含む,働くことそのものに対する個人の見方や考え方,価値観であり,個人が働くこととどのように向き合って生きていくかという姿勢や構えを規定する基準となるものである。

　これらは,理解できなくはない定義ですが,定義としては非常に重要な点が欠落しています。すでに本章1節でも紹介しましたが,梅澤

(2008) も指摘している点で，この報告書には「職業」および「勤労」という言葉に対する定義がないというところです。勤労については，引用文中にある「職業としての仕事や勤めだけでなく，ボランティア活動，家事や手伝い，その他の役割遂行などを含む，働くことそのもの」というあたりが，勤労が意味する内容を表現しているとも考えられますが，あまり明示的ではありません。

後に発表されることになる協力者会議報告書にも引用され，後のキャリア教育において重要な役割を果たしている報告書なのですが，実際にはあまり踏み込んでいない内容にとどまっています。また，その後に発表された報告書などにおいても，職業観や勤労観を明確に定義しているようなものはありません。協力者会議報告書には，「働くことへの関心，意欲，態度，目的意識，責任感，意志等，広い意味での勤労観，職業観」という表現がありますが，これではあまりにも漠然とし過ぎているのではないかと思います。

このように重要な概念でありながら，どこでも明確な定義がなされていないので，その場その場で都合のよいように解釈されているのが現状といえるでしょう。そこで，これまでの言葉の整理を踏まえて，職業観や勤労観について考えてみたいと思います。

なお「観」という言葉の解釈については，私もセンター報告書の内容に同意しています。「外界とのかかわりを通して個人の内面に形成されるもの」というように，それは自分の外側にあるものではなく，内にあるもの，形成されるものだと考えて論を進めていきます。

▶ 2　しごと観

図1に示したしごと観の方から述べていきます。まず断っておくべきは，この「しごと観」という言葉は本書のために使っている言葉だということと，それは近年のキャリア教育で用いられている勤労観に対応する言葉であるということです。

なぜこういった言い換えをしているかというと，2つの理由があり

ます。そのひとつは、勤労観という言葉に対しては嫌悪感をもつ人が少なくないこと、もうひとつは、勤労という言葉のもっている意味が、勤労観という言葉で表現しようとする内容と適切に対応していないと感じるためです。

　1点目の、勤労観という言葉に対して嫌悪感をもつ人が少なくないということについては、理解しがたいという人が多いかもしれません。しかし、この言葉に敏感に反応する人もいます。ある程度の年齢層に多いと感じますが、それは戦前戦中の出来事に由来していると考えられます。

　勤労という言葉自体は、「続日本紀」でも使われている、古くからの日本語です。しかし、この言葉は戦前戦中に多用されました。「勤労奉仕」「勤労動員」「学徒勤労令」「女子挺身勤労令」などです。

　たとえば「学徒勤労令」（昭和19年勅令第518号）では、「第三条　学徒勤労ニ当リテハ勤労即教育タラシムル様カムルモノトス」と記されています。それ以前にも昭和13年には、文部次官通達「集団的勤労作業運動実施ニ関スル件」が出され、勤労奉仕が開始されます。昭和14年には同じく文部次官通達として「集団勤労作業実施ニ関スル件」が出され、勤労作業が正課となり、文部省は同年さらに、夏期休暇を学生、生徒の心身鍛練にあて、集団勤労作業等を行うよう通達しました。

　このように、国民の力を戦争へ向けるために「勤労」という言葉が頻繁に用いられたという歴史があるのです。このような経緯があるので、勤労という言葉を教育の中で用いることに嫌悪感を抱く人が少なくありません。

　もうひとつの、勤労という言葉のもっている意味が、勤労観という言葉で表現しようとする内容と適切に対応していないと指摘する理由は、国語辞典でその言葉をひくとわかりやすいのではないかと思います。多くの辞典では、勤労の説明に「苦労を伴って」「仕事をする」という意味が記されています。

「仕事をする」という部分については問題を感じません。本章1節ですでに触れたように，仕事（しごと）は何らかの目的を意識した活動全般を指す言葉ですので，勤労観という言葉で表現しようとする内容とうまく対応していると考えられます。しかし，「苦労を伴って」という部分が気になるのです。

　センター報告書では，明示的ではないにしても，勤労とは「職業としての仕事や勤めだけでなく，ボランティア活動，家事や手伝い，その他の役割遂行などを含む，働くことそのもの」であると考えられます。ここに苦労を伴ってというようなニュアンスは含まれていません。働くということに苦労が伴う場合もありますが，伴わない場合もあります。調査協力者会議報告書では，「働くことについては，今日，職業生活以外にも，ボランティアや趣味などの多様な活動があることなどから，個人がその職業生活，家庭生活，市民生活等の全生活の中で経験する様々な立場や役割を遂行する活動として幅広くとらえる必要がある」と述べられていることは，前章でも紹介しました。やはり，ここにも苦労というニュアンスはありません。

　すなわち，苦労を伴うという意味内容は，「仕事（しごと）」や「働くこと」の内容には含まれないのです。本来は含まれないはずのニュアンスが，勤労という言葉を使うことによってそこに付加されてしまうことは適切な命名とはいえないでしょう。

　以上のような理由から，「勤労観」という言葉は，その言葉が示そうとしている概念をうまく伝えるために適当な言葉とはいえないと考えます。そのため他の言葉を探したのですが，「働くことそのもの」という意を上手く伝えるには，仕事（しごと）という言葉がふさわしいのではないかと考えました。さらに，これもすでに触れましたが，藤本（1991）が示唆しているように，漢字で書くと職業というイメージが強く出過ぎるような気がします。そこで「しごと観」という言葉を用いることにしました。

　さて，前置きが長くなってしまいましたが，「しごと観」とは，「し

ごと」、もしくは「しごとをすること」に対する考え方と位置づけられるものだと考えます。もちろん「しごと」とは、何らかの目的を意識した活動全般を指すものです。ここに、何度も触れている社会と個人という二分法をもちこむと、しごとには対社会的な目的の活動と、対自的な活動が存在することになるでしょう。これら両方についての考え方を、しごと観という言葉で表現することになります。

センター報告書の文言は、対社会的な部分のみに焦点が当てられているようです。一方、協力者会議報告書では、働くことの中に趣味も入っていますので、対自的な活動もしごと観に含まれることになります。「しごと」とは、何らかの目的を意識した活動全般を指すということから考えると、センター報告書よりも調査協力者会議の報告書の記述の方が適切といえるでしょう。

このような検討から、「しごと観」の確立には、対社会的なものと対自的なものの両面の意識形成を行うことが求められます。さらにこれは、すでにみてきた教育の目的や発達の2側面とも対応するものであり、それらの調和が求められるものともいえるでしょう。

しごと観（勤労観）は以上のように考えられるものですが、その使い方には少し留意しておくべきといえます。接続答申を始めとして、現在の課題への対応として注目されている概念のひとつなのですが、ここで論じたように、対社会的なものと対自的なものという側面をもつ幅広い内容の概念として用いられるのではなく、「職場で働くこと、職業に就いて働くことに対する構え」というような意味で使われる場合も多いと感じます。ここまで意味を狭めて使う場合には、しごと観（勤労観）は適切ではないといえるでしょう。

しごと観（勤労観）の成熟の方向性は、職場で働くことや、職業に就いて働くことについての考え方を確立することだけにあるわけではありません。それをも内容に含みますが、対社会的な活動と対自的な活動それぞれについて考え方であり、さらにその調和状態へ向かうものと考えられます。もし、早期離転職などの問題意識から、職場で働

くことや，職業に就いて働くことに対する考え方という意味を表現したい場合には，しごと観（勤労観）ではなく，たとえば「会社観」や「職場観」といったより適切な表現を検討するべきでしょう。

▶ 3　職業観

次は職業観ですが，センター報告書にある「人それぞれの職業に対する価値的な理解であり，人が生きていく上での職業の果たす意義や役割についての認識である」という部分には，ある程度は同意できます。しかし，それ以外の部分については，あまり納得できません。

本書では，職業は従前に検討したように，尾高（1941）のいう，経済的側面，個人的側面，社会的側面の3要素を含んだ継続的なものととらえるという立場をとります。すると，職業観とは，経済的側面，個人的側面，社会的側面に対する認識，また経済的側面，個人的側面，社会的側面のバランスに対する認識ということができます。

センター報告書では職業に対する定義がありませんが，職業観，すなわち職業に対する価値的理解を，「世の中にはどんな職業があり，それぞれの職業ではどのような仕事をし，どんな専門的な資質・能力が必要なのかなどについての知識・理解をもとに，自分はどの職業にどんな働きがいや誇りを見いだそうとするのか，あるいは，生きていく上で職業にどのような意味づけを与えていくかということである」と説明しています。この説明は，要約すると「職業についての知識を増やすことを基盤にして，その中でやりがいを見つけられそうなものを探す，あるいは職業に意味を与えられる」理解といえるでしょう。ここにおいて「職業」という言葉で表現されているものは，インデックスとしての職業名という意味合いが強いと感じられます。

職業観とは，職業に対する考え方に他なりません。そのため，「職業」というものをどのようにとらえるかによって，職業観の意味合いは変わってきます。本書では，センター報告書のように，「職業」を職業名と同様なものとして扱うのではなく，尾高（1941）のいうように，

社会と個人とを結ぶ通路を意味するものとしてあつかうことが望ましいと考えます。なぜなら，社会の構成員として生きていく個人にとって，個人と社会の関係認識は非常に重要になると考えられるからです。この関係を意識するためには，尾高のいうように職業を位置づけておく方が適当と考えます。

また，別書で尾高（1944）は，職業を個の手段とすると，職業の「分」の意味が消滅すると指摘しています。社会を「全」，個人を「個」とし，その通路である職業を「分」とするのですから，職業から「分」の意味が消滅すると，当然個人と社会との関係も閉ざされることになります。センター報告書からは，職業を個の手段とするようなニュアンスを強く感じるので，個人と社会とが職業で結ばれにくくなるのではないかという危惧を覚えます。

さらに前章で触れたように，現在では産業構造が急速に変化しているということが共通認識として存在していると考えられます。これはすなわち，職業というもの自体も急速に変化していることを示しているといえるでしょう。ある職業が急に衰退する，ある職業が急に脚光を浴びるなどということは少なくありません。このような背景があるのに，現在ある職業をもとに知識を増やし，その中で検討するということを継続して行うと，結局は時代遅れな人々を育成してしまうことにもつながってしまうのではないでしょうか。

以上のようなことから，職業の意味するところは，尾高の言うようなものと考えておく方が適当と考えます。職業とは社会と個人とを結ぶ通路のようなものであり，社会における多様な役割分担でもあります。つまり，社会という個人の集まりが，他者に望んでいること，分担を望んでいるものが職業として成立するわけです。3つの側面に照らしてみると，社会における役割についての理解が，職業の社会的側面についての理解につながると考えられます。そして，自分の力は，そういった役割分担の中で，どのような役割を分担することに向いているのか，換言すれば，自分の力はどのような役割で活用できるのか

を考えることが個人的側面の理解，それによってどの程度の収入が得られるのかを考えることが経済的側面の理解といえます。

こういった3つの側面の理解を元に，さまざまな職業に付随する3側面のバランスと，自らが求めるバランスの調和の程度を考えることが職業観の目指す方向といえるでしょう。そして職業は仕事（しごと）の一部ですから，職業観はしごと観の一部を形成するということになります。もちろん，しごと観の一部ですから，職業観はそれ以外の対社会的，対自的なしごと観との調和も求められることになります。

これで，図1の下部の説明が終わりました。しごと観は職業観を包括する概念であること。職業観は職業と関連しますが，しごと観は社会および個人と関連します。しごと観は個人がもつものですが，その方向性の中に自分自身に向かう場合もあるので，しごと観から個人への矢印で記しておきました。それぞれの言葉の内容，および関連を本書ではどのように意味づけ，位置づけているかを確認していただければと思います。

4節　キャリア

▶ 1　キャリアとは

さて，これまでキャリアという言葉を当たり前のように用いてきました。接続答申や有識者会議報告書における定義は紹介しましたが，キャリアという言葉については特にふれずに書き進めてきました。本章はキーワードを紹介するという位置づけですから，やはりこの言葉についても紹介をしておくべきでしょう。

協力者会議報告書にもありますが，キャリアという言葉についての理解，とらえ方は，それぞれの人によってかなり差があります。この言葉に対する認識の不一致が議論にも影響し，残念ながら非生産的な議論に陥っていると感じることもあります。このような状況にならな

いためにも，いくつかの主要な意味合いを整理しておきたいと思います。

まずは，様々な場面で利用されているキャリアという言葉の中には，キャリア教育のキャリアとは異なっているものもあるので留意が必要でしょう。たとえば，「キャリア組」「ノン・キャリア」「キャリア・アップ（ダウン）」などが代表的なものといえます。「キャリア組」や「ノン・キャリア」は，公務員の中で，どの種類の試験に合格してポジションを得たのかという違いを表現しています。「キャリア・アップ（ダウン）」の「キャリア」は，地位やそれと関連する資源そのものを意味しているといってよいでしょう。このようなキャリアという言葉の利用は，キャリア教育のキャリアとはかなり異なっています。

ではキャリア教育におけるキャリアはというと，ここでも定義はひとつではありません。しかし，大きくは次の２つの考え方といってよいでしょう。

そのひとつは，日本語でいう人生行路とか経歴，履歴という意味合いです。留意すべきは，この意味合いにおいては「何の」経歴，履歴であるかということは問われないということです。人生には様々な側面がありますが，それらをすべて包括している，人生そのものという観点をもっています。そして２つ目が，上記の意味を職業という領域に限って使う場合です。この職業領域に限っているという点が，先の意味とは大きく異なっているところです。職歴という言葉で言い換えができるような意味合いといえます。

概ね，この２つの意味合いを理解し，キャリアという言葉に出会った時には，そのどちらの意味で使われているという点に目を向けておくことで混乱を避けることができるでしょう。しかし，もう一つ重要な留意点があります。

それは，キャリア（career）は「轍」という語源を持っているというところから生じる留意点です。日本語の履歴や経歴，職歴という言葉も同じような意味を示していますが，それは主に過去，もしくは過

去から現在という時間を意味します。しかし、キャリア教育の中で使われるキャリアは今と過去を意味するだけではないという点がポイントです。過去、現在、未来というすべてを視野に入れ、それらが連続しているというイメージを伝える言葉として使われます。日本語でいうと、「生涯」というような言葉が適当かもしれません。キャリアは分断できるようなものではなく、連続しているものという意味合いを含んでいます。

このような2つの意味を念頭に、前章で引用した2つのキャリア教育の定義を再度確認してみたいと思います。接続答申では、キャリア教育は「学校教育と職業生活の円滑な接続を図るため、望ましい職業観・勤労観及び職業に関する知識や技能を身に付けさせるとともに、自己の個性を理解し、主体的に進路を選択する能力・態度を育てる教育」と定義されていました。言葉の順から推測すると、ここでは職業という点が強調されていると読めます。そのため、後者の「職業領域での」という意味合いが強いキャリアという言葉の利用といえるでしょう。

他方、協力者会議報告書（2004）では、キャリア教育を「児童生徒一人一人のキャリア発達を支援し、それぞれにふさわしいキャリアを形成していくために必要な意欲・態度や能力を育てる教育」とし、端的には、「児童生徒一人一人の勤労観、職業観を育てる教育」と定義しています。しかし「キャリア」については、「個々人が生涯にわたって遂行する様々な立場や役割の連鎖及びその過程における自己と働くこととの関係付けや価値付けの累積」と定義していました。すなわち、職業に限定しないということがはっきりと付言されています。そのため、職業領域に限定しない前者の意味合いが強いキャリアという言葉の利用といえます。

このように、キャリア教育のキャリアという言葉は、人生という広い内容を示すか、そのなかの職業に焦点を当てるかという点で、大きく2つの使い方がなされます。もちろん、連続しているということを

表現する時にもキャリアという言葉が使われます。その理解は文脈から推測するしかない場合も多いので、留意が必要といえます。

（補足）　キャリア教育というと、以前、アメリカで行われていた career education を連想されるかもしれません。「キャリア教育運動」などと訳されますが、1970年代におきたアメリカの教育運動です。1977年には「キャリア教育奨励法（Career Education Incentive Act）」という法律が制定されますが、1982年にはそれも廃止されました。その理念は現在でも引き継がれますが、ひとつの教育運動としては下火になっていきました。この時、career education という言葉が提唱され用いられましたが、それを直訳すると「キャリア教育」になります。そのため、キャリア教育と聞くと、70年代のキャリア教育運動を連想される方もいらっしゃるでしょうが、現在のキャリア教育は、アメリカが70年代にやろうとしたことそのままではないということに留意しておくとよいと思います。

▶ 2　図1とキャリア

最後に、図1とキャリアの関係について述べてこの章を終わりたいと思います。

図1の中にはキャリアという言葉を記入していません。それは、この図には時間を示す軸を入れられなかったからです。しかし、時間という軸を含めて考えることはとても重要です。

時間というものを考慮すると、この図中のすべての言葉の表す内容は時間とともに変化しうるものになります。たとえば10年前と現在であれば、同じ人でも10年の歳を重ねているという違いがあります。すなわち個人と表現されている部分には同じ人が入りますが、全く同一ということではありません。

もちろん、10年で社会は変化します。さらにそれに合わせて職業も変化します。教育も同じように変わっていきます。学習指導要領が10年程度のサイクルで更新されていることはすでに述べました。学習指導要領が変われば、あつかわれる内容や、重点が置かれるポイントなども変わります。

そして，社会や職業，個人が変化するので，しごと観や職業観が変化するのも当然です。社会や職業が変化するから，しごと観や職業観が変化するという面もありますし，個人が変化するから，しごと観や職業観が変化するという面もあります。もちろん社会や職業，個人というすべての変化ゆえに，しごと観や職業観が変化するということでもあります。

　さらに，整理としてはより面倒なことになりますが，この図に含まれる人々（たとえば個人，社会を構成する人々，社会構成員の中でも教育を計画する人，など）は，過去に学び，将来を予測するという特徴を備えた存在です。時間を考慮に入れるということは，時系列的変化のみならず，人の過去や将来に対する認識という点も含めて考える必要があるでしょう。

　たとえばある個人のしごと観は，5年前に見たある職業に影響を受けているかもしれません。またそれは，歴史で学習した前世紀のイギリスの社会状況に影響を受けているかもしれないですし，さらに，その人が想像する20年後の社会情勢を反映しているかもしれません。つまり図1はある一時点でのそれぞれの関係を描いているようにみえますが，それはその時点での関係すべてを描ききっているわけではないのです。

　時間という軸を考慮することは，キャリアという考え方には必須ですが，それを考慮することによって2次元の図ではうまく表現しきれない部分も出てきます。図2は，時間という軸が考慮されていないので，それをキャリアの視点からとらえるとどのようにみえてくるのかということを想像しながら眺めていただきたいと思います。

視点の整理

　第1章，第2章を通して，現在までのキャリア教育の背景と，キャリア教育を考えるために不可欠なキーワードを概観してきました。後の章では，これらを踏まえてセカンド・オピニオンを述べていくのですが，その前に本書がどういう立場に立って現状をながめ，意見を提示しようとしているのかという点についてまとめておきたいと思います。

　「はじめに」でも述べましたが，本書には，人間として望ましい発達を支援するものとしてキャリア教育をとらえるという視点があります。そして人間の発達については，2つの側面を考えています。そのひとつは，自分の持ち味を生かして，他者とは異なるユニークな存在をめざそうとする個性化（個人化）の側面です。またこれは教育において重視される，人格の完成という意味合いも含んだものです。他のひとつは，みずからが生活する社会の習慣やルール，規範を身につけ，一人の人間として適切に行動できることをめざす社会化の側面です。この国や社会の構成員に不可欠な要素といえるでしょう。

　この2つの側面は，社会の中で個人として生きていく人間の望ましい発達にとって，ともに欠かせないものであり，それらがうまい調和をみせる状態が発達の様相として望ましいと考えます。そのためキャリア教育は，それぞれの側面の育成と調和を目指して行われなければならないと思っています。

　本書はこのような考え方に立脚しているため，少なくとも3つの側面から現在のキャリア教育にセカンド・オピニオンを述べることができます。ひとつは，個性化を伸長するという観点からであり，2つ目に社会化をうながすという観点からです。さらに，それらの調和を目

指すという観点からも意見をまとめることができます。

　しかし，以後の章は2章立てとして，社会化と個性化という側面からの意見にまとめています。3つ目の調和を目指すという観点については，独立した章を準備しませんでした。なぜなら，一方の側面からのアプローチを論じる際，もう一方の側面にまったく触れずに述べることはできないからです。個人と社会を切り離すことができないように，一方を論じようとすると必然的に他方の側面も含んでしまうのです。そのため，あえて調和のみについて意見を述べる章を立てませんでした。

　なお，このように個性化と社会化という側面からの意見を述べていくのですが，「現状を批判し解決策を述べる」というスタンスに留まってはいないということに留意していただければと思います。キャリア教育には多様な見方が存在します。どのような立場に立つかによって，キャリア教育の望ましい姿は変化します。そのため，ある立場から現状を批判し解決策を述べるような議論をすることは，一面でわかりやすいという利点がありますが，他面では偏りを生じてしまうという問題を抱えやすいといえるでしょう。

　本書では，多少混乱するかもしれませんが，ある特定の立場から現状を批判し解決策を述べるような議論の仕方ではなく，キャリア理論のみならず，関連する様々な諸研究から示唆を得て，新しい視点を取り込み，多様な展開の方向を示すというスタンスをとりたいと思います。現状の問題・課題の解決というより，可能性を求めた新展開を重視したいという気持ちがあります。本書のタイトルを，「キャリア教育の問題とその解決」などではなく，「キャリア教育へのセカンド・オピニオン」とした理由もここにあります。

　以下では，個性化と社会化のそれぞれの側面に関して，どのようなことを考え，述べていくのかということを簡単にまとめてみました。繰り返しになりますが，現状のキャリア教育を批判し，解決策を提示するというスタンスではありません。そういう展開をしている部分も

ありますが、多くは新しい視点を取り入れた展開を考えています。本書が、それぞれの側面においてどういった点での展開を考えているか、その概略を掴んでいただきたいと思います。

　まず社会化についてですが、それは自分が生活する社会の習慣やルール、規範を身につけ、一人の人間として適切に行動できることといった社会性に関する側面です。このような内容のため、社会と一人の人間、すなわち個人の関係に着目せざるを得ないことは明らかでしょう。そこでまずは、第2章の冒頭に記した図1のような概念整理が最も重要であるという指摘から始めます。

　このような概念整理を行うと、職業というものの位置や特徴も明らかになるでしょう。これもすでに述べたことですが、職業は個人と社会をつなぐ重要なものです。それは個人にとっても社会にとっても重要なものです。ところが、職業を考えるうえで重要な位置にあるはずの要素がまだ登場していません。それは図1にも書き込んでいませんが、会社、企業といった組織です。

　我が国における就職は、「就職ではなく、就社である」と指摘されます。すなわち、会社といった組織を考慮せずに職業を考えることは不自然であり不十分であるといえます。ところが、現在のキャリア教育において会社といった要素にはあまり言及がありません。個人と社会の間で、会社というものがどういう位置にあるのか、職業と会社の関係はどういったものなのか、などといったことにはほとんど触れられないといってよいでしょう。多くの人にとって、職業に就くことが会社に所属するということを意味するのならば、会社というものの位置や意味を検討することは、個人にとってのみならず、社会にとっても、また会社にとっても不可欠なものといえるでしょう。そこで、職業と会社の関係、個人や社会と会社の関係についても言及します。

　また職業は個人と社会をつなぐ重要なものではありますが、そこに社会性のすべてが集約されるわけではありません。職業以外にも、社

会と個人のつながりにはさまざまな通路があります。そういった職業以外の通路についても考慮しなければなりません。さらに，後の社会を担う者には，今よりも良い社会を作りだしていくという期待もかけられます。今の社会に適応的な存在になるだけでなく，より良い社会を生み出すために，社会とのさまざまなかかわりを通して貢献できる個人を育成するという方向性が不可欠でしょう。

加えて，この社会の中で生活をしていくということ自体にも目を向ける必要があるでしょう。社会の中で生活をしていくことには，個人が社会に貢献するという面もありますが，その社会の中で自分の生活を守り，営んでいくという面もあります。職業に就き安定的な収入を確保するということ（職業の経済的側面）は，自分の生活を守り，営んでいくという点での重要性を持っています。ここにおいては，お金というものが非常に重要なものとなります。

このような職業以外の個人と社会のかかわりという視点は，現在のキャリア教育に不足しているように思います。そこで社会性の後半では，社会に貢献する，社会の中で自分の生活を守り営んでいくという観点から，個人のいだく夢や，市民，家庭人という役割について取りあげています。

次に個性化の側面ですが，先に触れた社会化の側面に比べ，現状のキャリア教育ではあまり注目されていない側面といえるでしょう。個性化とは，自分の持ち味を生かして，他者とは異なるユニークな存在をめざそうとする方向性ですが，本書ではこの側面に人格の完成という面も含めて考えていきます。

さて，この個性化を考える時も，社会と個人の関係を踏まえておくことが不可欠でしょう。個性化というと個人に注目するというイメージが強くなるでしょうが，それゆえに，個人の適応，社会への適応という，個人と社会との関係をも視野に入れておくことが非常に重要になると考えられます。「ユニークな存在」などと表現すると，自分勝手なワガママな存在でもよいのかという疑念も生じそうですが，もち

ろんユニークであれば何でもよいという意味ではありません。表現としてはあまり適当ではないかもしれませんが、適応力を備えたユニークさ、と表現してもよいかもしれません。さらに単にユニークであれば良いというものではなく、高い人格を備えたうえでのユニークさというものが目指されるべきでしょう。

　また、ここでは個性化という表現を用いているのですが、「個性」自体にはあまり重きを置いていません。個性とは、ある人を他者と区別する違いのことを意味しますが、それぞれの個人は必ずそのような特徴を備えているので、わざわざそれを取りあげる必要も無いでしょう。「個性が重要」「個性を伸ばすべき」などという考え方はしていません。「個性をなくす」、すなわち他者との違いを少なくすることが、個性化の途上で重要になる場合もあり得るからです。個性とよばれる違いがあることを前提とした上で、そういう自分がどうあるべきか、どうありたいかを社会生活の中で追求できるようになることが重要だと考えています。

　以上のように、本書では、個性化という側面は個々人に個性があることを前提とし、適応的であり、また高い人格を備えたユニークな存在、さらに自分がどうあるべきか、どうありたいかを追求できる存在というものを意識し、その育成を重要視します。かなりまとまりに欠けた説明だとは思いますが、人間にとって重要であり、かつ社会性として取りあげにくい部分を含んだ広い概念だと考えていただければと思います。

　この個性化については、まず人間にとって最も重要と考えられる正義や倫理といったものを含む人格的な要素を取りあげます。そして、人格の形成はもちろん、ユニークさの源であり、人生のさまざまな判断に必要な知的な要素や、それを支える学習という要素に着目します。さらに、このような知的、認知的な素養をベースに、職業観といったものの形成や、社会への参入、適応といったものについて検討を進めます。個性化の章は、こういったさまざまな要素を再整理して4つの

節にまとめていますが，それぞれの節は多様な内容を含み，また相互に関連する指摘になっています。

　個性化の部分での指摘は，近年のキャリア教育ではほとんど触れられていない内容です。このような指摘に対しては，それがキャリア教育なのかという点で異議をおもちになるかもしれません。しかし，本書ではすべての教育はキャリア教育であると考えます。生きていくこと，すなわちキャリアと関係しない教育は存在しないでしょう。そのため個性化にかかる内容は，現在のキャリア教育に対するセカンド・オピニオンとして外すことのできない重要なポイントなのです。社会性の方へ目が奪われがちなキャリア教育に対して，このような点への注目が少ないこと自体を議論の俎上に載せたいという意図もあります。

　ここでは，本書がどういうスタンスで意見を提示しようとしているのかという点について述べてきました。ぜひ，提案の背景を理解しておいていただきたいと思います。

第3章
社会性をはぐくむという視点からのオピニオン

　本章では，特に社会性という視点からセカンド・オピニオンを述べていきます。社会性の方向としては，みずからが生活する社会の習慣やルール，規範を身につけ，一人の人間として適切に行動できることを目指すことであり，教育基本法にある平和で民主的な国家及び社会の形成者を目指すものと考えます。このような視点から現在のキャリア教育を検討し，今後の展開を提案していきます。

　なお，特に学校教育における社会性という概念については，「集団活動の場で自分の役割や責任を果たす，互いの特性を認め合う，他者と協力して諸問題を話し合う，その解決に向けて思考・判断する等の能力や態度であり，さらにはそれが自らの個性と統合され個人の資質として昇華されたもの，と考えられる」（国立教育政策研究所生徒指導研究センター，2004）といった解釈もありますが，ここでは「集団活動」というよりは，よい広く対社会的な活動全体という意味で用いています。

1節　個人・職業・社会を理解する

▶1　言葉（概念）の整理と理解

　まずは，何よりも，「個人」と「社会」，さらに「職業」といった言葉の意味内容と，その関係性についての理解を進めることが求められるといえるでしょう。第2章でも指摘したように，これらの言葉は日常的に用いられているがために，その意味内容を吟味しようとする姿勢に乏しいと思われます。そして，これらについての理解が未熟なことが，社会性の成熟はもちろん，自らのキャリアを考えることを難しくしていると考えられます。

　たとえば久木元（2003）は，フリーターがしばしば口にする「やりたいこと」という言葉に注目をして検討しています。そして「フリーターたちの語りに見出されるべきなのは，『やりたいこと』という語彙の頻出＝過剰より，むしろ『仕事』や『働く』ということをめぐる語彙のヴァリエーションの過小である」と指摘します。フリーターの「やりたいこと志向」は頻繁に指摘されていますが，対比的にとらえると「『仕事』や『働く』ということがいかに限られた定型的な言葉でしか語られていないか」（久木元，2003）という点も注目に値するといえるでしょう。そこで，なぜ限定された定型的な言葉でしか語ることができないかと考えると，おそらく知識の面で限定されたもの，紋切り型で定型的なものしか持っていないためと考えられるのではないでしょうか。このような限定された知識をもとに，自分と社会との通路である職業を探そうとすると，それはより困難になることは明らかだと考えられます。

　この久木元の研究においては，「仕事」という言葉が着目されているため，そこには対社会的な意味での「仕事」と職業という意味での「仕事」，対自的な「仕事」などの意味が混在しているように見受けら

れます。これには、前章でも触れたように、仕事（しごと）という言葉がかなり多様な意味内容を含むことが影響していると考えられます。しかしそれ以上に、フリーターの語りの中に出てくる「仕事」や「働く」という言葉は、何を意味しているのかを正確につかみにくいといえます。

久木元は日本労働研究機構による調査データ（2000）を、自身の研究のデータとして用いていますが、そこで引用されている例の一つをここにもあげてみます。

> 決して働かないつもりがないわけじゃないんですけれども、僕は<u>こういうこと</u>をやってみたいんだけどという答え方ができないような状況だから。たぶん就職すれば、その会社で<u>自分がやれるところまでやるつもり</u>でいるんですけれども、そう思える<u>仕事</u>を自分で見つけられない。ほんとに<u>やりたいこと</u>がわからない。
> （26歳男）

この語りを通して、語っている本人が言おうとしているだろうことのニュアンスはわかるのですが、きちんと理解するのはかなり難しいと思います。4個所アンダーラインを付しましたが、それらが何を指しているのかということは、本人さえもわかっていない部分かもしれません。

最初の、「こういうこと」とは、文脈からおそらく対社会的な仕事のことであろうという推測はできますが、職業のことなのか、それにとらわれない会社的な仕事のことなのかは不明です。二番目の「自分がやれるところまでやるつもり」という部分は、「何を」やるのかということが明示されていません。「会社で」とあるので、職務ということなのだろうと推測はできますが、前の文からの続きとすれば、職業かもしれないですし、より広い意味が含まれているかもしれません。次の「仕事」は、文の前半部を受けているのでしょうが、そこの意味が曖昧なため、この「仕事」も何を表現しようとした言葉なのか、やはり確定が難しいといえるでしょう。そして最後の「やりたいこと」ですが、「やりたい（広く対社会的な意味での）仕事」なのか「やりたい職務」、「やりたい職業」なのかということは伝わってきません。

第3章　社会性をはぐくむという視点からのオピニオン

もちろんこの語り手自身が、これらの言葉で何を表そうとしているのかという点を理解していて、単にそれを言葉としてうまく表現できていないのであれば、それは混乱しているのではなく、うまく職業を決められていないだけといえるでしょう。しかし、本人がわかっていないままにこのような言葉を使い、語りを作り出しているのなら、それは混乱しているととらえることができます。それゆえにフリーターを続けているのであれば、状況の収拾のためには、それぞれの言葉の定義を知り、その上で最初から考えを組み立てることが不可欠でしょう。

　この例に限らず、フリーターの言葉からは、あいまいな使い方、言葉の混乱を感じることが少なくありません。しかしそれはフリーターに限らず、就職を考えている学生においてもそういう傾向がみられます。さらにすでに職業に就いている人においてもメディアにおいても、言葉の混乱は見受けられるように思います。このように一般的に見聞きするレベルで混乱しているからこそ、キャリア教育において言葉の問題を取りあげ、基本的な理解を持つことが重要だと考えられます。さらに言葉を整理して理解することは、図2に示したような、それらの関係の理解にもつながると期待できます。

▶ 2　不十分な体験型学習

　現在のキャリア教育では、職業観やしごと観（勤労観）の育成には、職場見学、職場体験、勤労体験など体験型の学習が有用だと考えられています。これは本節でとりあげている、社会や個人、職業といった抽象概念を具体的、現実的に理解するにも有用な学習だといえるでしょう。そして、このような体験を積極的に推進するような施策が採用されています。

　たとえば、2007年度の職場体験の実施率は、公立中学校で95.8%、国立中学校で50.7%、私立中学校で19.6%であったことが国立教育政策研究所生徒指導研究センターの調査（2008）から明らかになって

います。しかし，それでも十分ではないという指摘があります。キャリア教育等推進会議（2007）は，現状の実施状況では不十分であるという以下のような見解を提出しています。

> しかしながら，現状を見ると，大学や高等学校普通科におけるインターンシップは，その導入割合に比べ，参加生徒・学生数の割合は依然として低く，また，地域や各学校段階において取組にばらつきや偏り，受入企業数の確保等の問題が見られ，保護者や企業等にもキャリア教育等の意義等が十分に浸透しているとは言い難い状況がうかがえる。
> さらに，各学校段階を通じた組織的・体系的な実施や関係機関の連携・協力のための体制整備は，いまだ道半ばである。

そしてキャリア教育推進会議は，学習指導要領の改訂も具体的施策として提案しています。そのため，後の2008年に公示された新しい学習指導要領に影響を与えたといえるでしょう。実際，2008年に公示された新しい学習指導要領には，職場体験や就業体験などの文言が盛り込まれています。

このように，積極的に推進されている職場体験ですが，残念ながら，実施以前の問題があるといわざるを得ません。なぜなら，未だその効果等についての検証は不十分だからです（たとえば，下村ら，2008）。もちろん，実施校で行われている実施直後のアンケートや感想文などの分析においては，肯定的な評価が得られていますが，その効果を一般化できるような手続きが採用されている場合や，効果の検証が可能なアプローチが採用されている場合は極めて少ないといえます。

たとえば河崎（2003）の研究は，数少ないキャリア教育の効果をあつかったものですが，キャリア教育を実践している学校と実施していない学校の卒業生を比較しても，その間に有意性のある違いは認められなかったと報告されています。この研究は，大学生を対象に回想法を用いていますが，キャリア教育の長期的な影響力を検討した研究もほとんどありません。

このように，職場体験や就業体験から学んでいくことの有効性は十分に吟味されたものとはいえません。しかしそれ以前に，大前提とな

る，職業観やしごと観（勤労観）がこういった体験を通して育まれるようなものなのか否かという検討が必要だと考えられます。私の知る限りでは，この基本的な部分の検討を行っている研究はないのです。

　論理的に考えれば，一般的に認識されている職業観などが職場体験などで育成できるとは考えられません。なぜなら前章でも指摘したように，何を職業観などとするのかという定義自体がなされていないためです。定義がないのですから，それが育成されたかどうかも判断できないはずです。報告書などでは，様々な測定尺度や感想文の記述内容などが効果を検討する際のデータとして用いられているのですが，定義自体があいまいなので，こういったデータが職業観などを妥当に代表しているかどうかが不明なままになってしまっているのです。

　そのため，職場体験が有用であるかどうかを検討するには，どうしても何をそれによって育成しようとしているのかを明確にする必要があります。個人や社会，職業といった言葉，さらにそれらの関係を明確にするところから始める必要があるでしょう。そこからのスタートでなければ，職場体験の適切な計画もできないはずですし，ましてや効果の検討などできるはずがありません。

　現在は，目的や方法の検討よりも，導入を急いでいる状況であるといえます。残念ながら，その導入がどのような成果をもたらすのか，徒労に終わるのかはまだ予測できません。しかし，目的や方法の検討が十分になされないままでの導入は，徒労に終わる可能性を高めてしまうでしょう。そこで次に，職場体験を行うのであれば留意すべき点について考えてみたいと思います。

▶ **3　体験をきっかけにする**

　先に，まずは言葉の定義が必要であると指摘しましたが，本書での定義を用いると職場体験をどのように利用できるかを考えてみます。第2章では，社会や個人という言葉はもちろん，職業や職業観，しごと観についてもまとめました。これをベースに検討を進めます。

第2章で述べたように，しごと観は，何らかの目的を意識した活動全般（対社会的な活動も，対自的な活動も含む）についての意識といえます。そしてこれは，職業観を包括した概念です。職業観は，職業の社会的側面，個人的側面，経済的側面の理解を元にした，職業に対する判断です。これらが現在の職場体験で学べるかと考えると，かなり難しそうだといわざるを得ません。なぜなら，しごと観の育成からすると職業体験はあまりにも狭い領域の体験にしかならず，職業観という点では，3側面のバランスのとれた学習ができるかどうか不明確だからです。

　しかし，視点を変えれば有用な部分も見えてきます。たとえば職場体験から得られた職業的活動についての知識を，日々の学習や部活動，自分の趣味，家庭での役割，係活動や生徒会活動，ボランティアなどと同列に置き，これらの諸活動が社会や自分にとってどのような意味があるのかを比較しながら考えるということは，しごと観の基礎を形作っていくと考えられます。職業体験が狭い領域の体験であるからこそ，他の活動との異同を検討する必要があります。そうしない限り，しごと観という大きな概念の中に位置付かないと考えられます。

　そのため，たとえ職場体験に参加し「働くことは大切なことだということがわかった」という感想があったとしても，それでしごと観が育成されたとはいえません。しごと観を考えるスタートに立てたというような位置でしょう。その場で働くことが誰にとって，なぜ，どういうふうに大切なのかという思考を，感想をきっかけに膨らませていくことが必須といえるでしょう。

　職業観については，職業の3側面を知った上で体験できれば，またそこで3側面の現実的な情報を得ることができれば，具体性のある職業観の育成につながると考えられます。そのためには，職場で仕事の一部を担当したり，補助をするという体験だけでは不十分です。職業観は人が持つものなので，人からしか学べないもののはずです。そのため受け入れの際は，会社や組織として受け入れ，仕事を経験させる

のではなく，職業をもつ一個人として体験者と向き合う必要があるでしょう。そうでなければ，現実的な職業の3側面の理解は進まないと考えられます。

　以上のように定義を明確にすれば，職場体験を通して，またその事前事後指導において重視すべきポイントは自ずと明確になってくるでしょう。同時に，現実の職場体験でカバーできる内容の範囲も浮かび上がってきます。これは，理想論に陥らないよう，職場体験の限界を踏まえてキャリア教育を検討する際の重要な情報源になるといえるでしょう。

　このような職場体験は，キャリア教育の導入によって注目を集めるようになったわけではありません。体験を重視する流れは，従来の進路指導で重要視されていた「啓発的経験」を受けています。啓発的経験は，「生徒がいろいろな経験を通して，自己の適性や興味などを確かめ，具体的な進路情報の獲得に役立つ諸経験の総称」であり，「生徒の観念的・抽象的な自己理解や進路情報の理解に，具体性や現実性を与えるもの」（文部省，1974）と位置づけられているものです。

　この啓発的経験に関しては興味深い発言があります。藤本（1991）は，経験の中に「自分の能力・興味・関心の有無を読みとり，情報を読みとることが・で・き・れ・ば，それが啓発的経験となる」と表現しています。「できれば」という部分の傍点は，藤本自身によって付されているものですが，体験しただけ，経験しただけでは，それは啓発的経験にはならないということでもあります。

　そのため，職場体験学習などでは事前事後指導なども行われていますが，どのような意図のもとに，どのような指導が行われているかはあまり明らかではありません。国立教育政策研究所生徒指導研究センターが行った大規模な調査（2007）などもありますが，それを参照しても不明なままです。また体験学習自体の研究においては，体験から学ぶメカニズムについていくつかのモデルが示されています（図3参照）。しかし，このような学習のメカニズムについての知識がキャリ

ア教育において紹介されることはまれですし、おそらく職場体験に活用されているともいえないでしょう。

さらに経験や体験を重視した教育は、1950年代に「はいまわる経験主義」と批判されたことがあります。体験すること自体が目的化し、知識的な側面が軽視された結果、学習に深まりが生まれず基礎学力が低下するといった問題が生じたのです。職場体験もこれと同じことを繰り返すようでは、せっかくの導入も実を結ばないでしょう。

先の文部省（1974）の指摘にもありますが、職業体験学習などは具体的、現実的なものです。対して、個人や社会、職業や職業観などは抽象的な概念です。もちろん具体レベルでの理解が必要なことは指摘するまでもありませんが、それを抽象化することは不可欠といえるでしょう。職業体験学習などの重要性は、職業観などの抽象概念によって支えられていることからも、そのねらいには抽象レベルでの理解も含まれます。キャリアに関する単なる体験、経験に留まらないよう、具体的な理解をうながし、さらに抽象的理解につながるようにしっかりとした学習の構造を組み上げることが必須といえます。

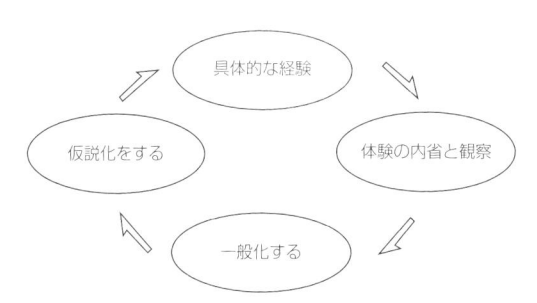

図3 体験学習のステップ（Kold et al., 1971；津村，2002）

2節　会社という混乱要因を知る

▶ 1　会社と社会

　第1章で概観したように，接続答申を始め従来の多くの指摘は，学校から職場への移行がうまくいかない原因のひとつに未熟な職業観の問題があるという論調でした。第2章では職業観というもの自体について検討し，前節ではその形成についても少し触れました。

　では，職業観の形成ができれば社会問題の解決に結び付くのでしょうか。これまでの考察を踏まえて考えてみると，それほど期待通りにはいかないだろうと思います。もしかすると，それは移行を困難にするかもしれません。もう少し正確に表現するなら，移行後の適応を困難にするかもしれないと考えられます。

　職業観が形成されたのに，なぜ移行が困難になるのかというと，その原因のひとつに会社という組織が存在するからといえます。もし就いた職業が，自営的な農業や漁業であれば論理的には問題が生じないと考えられます。しかし，会社という組織に属することを選んだ場合には問題が生じると推測できるのです。そこで，会社というものの特徴から考えてみたいと思います。

　本書では，尾高（1941）の考え方に従って，職業は個人と社会をつなぐものとして位置づけてきました。そしてこれまでの職業の説明において，会社というものはまったく考慮せずに話をすすめてきました。なぜなら，会社というものの存在を無視しても，職業というものは成立するからです。

　先に触れた農業や漁業はその代表的な職業といえるでしょう。自分の作った野菜，もしくは獲ってきた魚を，それを求める人に渡して対価を得る。それを求める人がいて，その要求に応えられているのですから，これは社会的分業の一端を担っている，つまり職業の社会的側

面があるといえます。そういう行為に適応できている自分を感じられれば，それは個性の発揮という個人的側面につながっています。さらに対価で生活を成り立たせているのであれば，経済的側面も満たされているといえます。すなわち，それは職業に必要な3つの要件をりっぱに満たしているわけです。

では，ここに会社という要因を含めて考えるどうなるでしょうか。たとえば，一人で農業をやっていた人が土地を手に入れ，これまでのように一人でやるのは難しくなったとします。そこで近くの人を仲間にして，二人で作業をするようになりました。もしこうなったとしても，先に示したような社会と個人と職業の関係も，職業の要件に関しても，何も変わりはないでしょう。その二人で相談して，会社組織にしたとしても，やはり何も変わりません。もちろん，その仲間が10人になろうが100人になろうが，やはり何も変わらないはずです。その仲間組織が，会社法に定められた会社であるか否かの違いだけのはずです。

しかし，だからといって個人と社会の関係も，職業の位置も変わらないということにはなりません。論理的には以上のようなのですが，現実は，おそらくこのような様子にはなっていないと思います。なぜなら，会社というものが形成されると，それがひとつの社会を形成してしまうからです。社会の中に，会社という小さな社会が形成され，個人はその小さな社会ごしに社会と関係するというシステムができ上がってしまいます。会社のような小さな社会でも，それは社会なので，そこには役割分担が生まれます。実際には，自然発生的にではなく，生産効率をあげるために意図的に分業（役割分担）のシステムを確立させることの方が多いでしょう。自然発生的にしても人為的にしても，それは会社という社会を円滑に運営するための分担です。その結果，個人は，その小さな社会での分担，つまり会社での役割を担うことになります。

繰り返しますが，職業は社会における役割分担です。会社は個人に

代わって社会の役割分担を担う位置にあるといえます。個人では担いきれない大きな役割を，集団として担うのが会社です。そして会社に所属する個人は，会社での役割分担を担います。そうすると，多くの場合で個人が担っている分担は，社会における役割分担から考えると非常に微細なもの，極めて間接的なものにならざるを得ません。

そのため，会社の一従業員が，自分の職務を「社会における役割分担を果たしている」と認識するには，相当な想像力が必要になるに違いありません。それよりも，自分の職務を「会社での役割分担を果たしている」と認識する方がはるかに強いでしょう。もちろんこれらのことがすべての会社，個人にあてはまるとはいえないでしょうが，規模の大きな会社や，下請け，孫請けを主とする会社，個人ではなく会社を取引相手とする会社などでは，このような感覚が強くなると考えられるのです。

▶ 2　会社での役割を職業と感じるためには

会社における役割分担を職業とはよびません。「私はA社という会社において，経理という職業についています」などとは言わないのです。そのため，会社における役割分担が細かくなればなるほど，自分の職務を職業と感じにくくなるでしょう。職業観を確立し，その理想の職業を追求して会社へ入り，こういった現実に直面した場合，はたしてその個人はどのような感じをもち，どのような行動をするでしょうか。

このようなメカニズムが考えられるため，職業観の形成は，学校から職場への移行に有益に働くとは考えにくいという結論が導かれます。そしてこれは，特に移行後の適応において問題を生じさせる原因になると考えられるのです。キャリア教育を通して，職業というものを考えさせること，職業観をはぐくむことは，社会への適応は促進させても，会社へは適応しづらくさせるという結果を招きかねないのです。

そのため，何か対応策を考える必要があります。すでに会社に導入

されているものとしては、日々の職務が社会における役割分担へとつながっているということを従業員が感じやすい環境を整える施策があります。たとえば、セル生産方式(注)の導入などがそうでしょう。また、できるだけ会社組織を小さくするということも考えられるでしょうが、スケールメリットとは、相容れないものになってしまいます。その他には、従業員にボランティア活動を奨励するなどの社会貢献的施策も、会社と社会のつながりを具現化する例といえるでしょう。しかし、これは職業の本質とはまったくかけ離れたものです。分業は会社が持つ本質ともいえるものなので、形式的な対応は不可能ともいえるのではないでしょうか。

　そうなると、キャリア教育などを通して個人の対応力・適応力を育成することに期待が移りますが、ここには留意すべきポイントが潜んでいると考えます。学校から職場へのスムーズな移行ということを目指す場合、最も容易に考えつく案として、本書でいうような職業観を導入せず、「職業観とは会社における役割分担に対する意識」「職業観とは職務に対する意識」というような定義を採用することが考えられます。さらにそこに勤労という概念を持ち込み、日々の職務を果たすことは重要なのだということを強調します。このような方向でキャリア教育を進めることによって、会社への適応が容易になる職業観を作り出すことができると考えられます。しかしこれは、職業の社会的役割を考慮に入れない、会社にとって都合が良いだけの概念操作に過ぎなくなってしまいます。これはあまりにもブラック・ユーモアが過ぎます。

　では、他にどのような対応が考えられるのでしょうか。このような問題は古くから指摘されています。そこで古いものにどのようなアイデアが示されているのかということを参考にしてみます。たとえば、1933年に発行された書籍の中で、河合（1933）は、本書と比較的類似

(注) 1人（から数人）の作業員が、作業の全工程を担当する生産方式のことを指します。

した会社と職業の関係認識にもとづいて次のように述べています。

> 若し吾々の人生の目的が，人格の成長にあって，人格の成長とは全人の姿を体現することにあるとすれば，職業は（分化された労務であるため）その本質上人生の目的と背馳するという奇怪な結果に到達するのである。では，吾々はいかにしてこの弊から免るべきかと云ふならば，先ず努るべきことは，自己の全人に常に立返らしめるような注意を為すことである。学生時代に看過した哲学や倫理学の書物を読むことや，人生に関する高尚な講演を聴くこと等等は，職業生活に入ったものにとって，更に一層必要を加えるのである。次には人生の目的と自己の職業―それがたとへどれほど末梢的なものであろうとも―との関係を，常に反省して，些末な職業的労務に対しても，自己の全自我を没頭するやうに，又職業からの電波が自己の自我まで感応するやうに，両者を密接不可分の状態に置くことであろう。（カッコ内は筆者が加筆）

要約すれば，会社外で全人性を回復し，会社においては会社全体，すなわち社会の役割分担を担っている主体を意識し，その先にある社会とのつながりの感受性を高めるということでしょう。本書では，先に「想像力」という言葉を用いましたが，やはり間接的になっていく社会と個人の関係をつなぎ止めるには，こういった個人の認知的な力に頼るしかないのかもしれません。

▶ **3　視点をかえる**

ところが，このような間接的な関係をつなぎ止める認知的な力に関しても，近年はそれが失われていることを示唆するような指摘もあります。齋藤（2008）は，人の志向性を水平志向と垂直志向の2つに分類しています。水平志向は，自分という核を持たず，水平的に，いいもの，おもしろいものを探し回るような傾向であり，垂直志向は自分を越えたものや，より大きなものに敬意を払い，それと対比して自分を作っていくことを指します。そして，1980年代ごろから垂直志向から水平志向の世の中に変わったと指摘するのです。

また古く新渡戸（1911/2002）も同様の2種類の関係があることを指摘しています。新渡戸は，「社会のホリゾンタル―多数凡衆の社会的関係を組織しているその水平線―に立って」いることもできるが，

さらに「一歩をすすめて人は人間と人間とのみならず，人間以上のものと関係がある，ヴァーチカル―垂直線的に関係のあることを自覚したい」と述べます（新渡戸，1911/2002，p. 70）。これは齋藤の指摘と極めて類似しているといえるでしょう。

この新渡戸は，縁の下の力持ち的な仕事をする覚悟は，このような垂直的な関係を結ばなければ馬鹿馬鹿しくてできないと記し，人間以上のものとの関係において仕事をするという感覚を重視しています。会社組織における個人の職務は，まさに縁の下の役割といえるでしょう。社会は，会社が社会の役割を引き受け，会社がそれを果たしていると見るわけですから，会社の中の一個人の役割を直接的に認識し，評価するようなことはないといえます。そのため会社で働く個人は縁の下に位置することになるのですが，新渡戸の指摘に従えば，それゆえ垂直的な関係を結ぶことが不可欠といえます。

齋藤も新渡戸も，人間以上のもの（上に位置するもの）との関係を結ぶこと，それと自分を対比することを中心に述べていますが，こういった関係を結ぶこと，対比することは，新しい視点の獲得をも意味すると考えられます。すなわち，自分や自分をとりまく社会を上から見る視点を獲得できるといえるでしょう。個人は会社という集団ごしに社会とつながっていますが，これは水平的な展開です。水平的な展開を水平に見ているのでは，そこにある関係は見えにくいはずです。ところがそれを上から見れば，関係をつかみやすくなると考えられます。新渡戸が，縁の下の力持ちになるためには垂直的な関係を結ばなければならないと指摘したのは，このような視点の移動が不可欠であることを含んでいるのかもしれません。

こういった視点の移動は，他にも考えられます。この際のポイントは，社会というものをどのようにとらえるかという点にあります。何度も繰り返していますが，社会とは個人の集合体や個人のかかわり合いを示す抽象的な概念です。社会の中での役割を担っているという実感を得ることが難しいのは，社会というものが抽象的であるためとも

いえるでしょう。しかし，社会とは個人で構成されているという点に着目すると，会社に所属しながら，職務を通して個人と社会が関係することについて少し違った見方ができるのではないでしょうか。

たとえば小売店の販売員を考えてみると，日々接しているお客の一人ひとりは，すべて社会を構成している個人です。そこに生じたかかわりは，会社での職務を通した個人と社会のかかわりに他なりません。販売員などは，直接的に個人とかかわる代表的な職業ですが，どんな会社で働いていても，社会を構成する誰かとはつながっています。その誰かは，社会という抽象的なものではなく，目に見える具体的な存在です。会社における職務を行うことが，その具体的な誰かのためになっていると認識することは，社会のためになっていると認識するよりも容易なのではないでしょうか。そこを手がかりに，自分の視界には入っていないけれども，他の個人のためにもなっているのではないかと想像を広げていくこともできるでしょう。これは自分という個人と社会との関係を把握することに他なりません。

もちろん，この考え方を極端に進めてしまうと，社会の中のある一部だけのことを考えがちになるという，視野の狭さや偏向に陥る可能性もあります。これは大きな問題ともいえるのですが，そこを接点としてさらに社会全体に視野を広げていくことができれば，会社を通して社会とつながっているという実感を得やすい視点の移動だといえます。そうすることで，会社での自分の職務を社会における職業として認識しやすくなると考えられます。

これまで述べてきたように，本質的に会社は，従業員が自らの職務を職業とみなしにくいというシステムを抱えています。これを変えることは不可能ともいえます。そのため働く個人の認識が問題になるのですが，職業観だけでなく，このような会社というものの性質についても理解しておくことが不可欠といえるでしょう。そうでなければ，不幸にも職業観がしっかりしたがゆえに会社にいられなくなるケースが増加するとも推測できます。加えて，間接的にならざるを得ない個

人と社会の関係をつなぎ止めるための感受性や想像力，それを支える視点の移動など，知識的，認知的な力が重要になってきます。学校卒業者のほとんどが，会社に職を求めている現在では，こういった内容もキャリア教育に求められると考えられます。

3節　希望をいだく

▶ 1　希望のない幸せ

　希望や夢は，キャリア教育に欠かせない概念といえます。しかし，社会性という観点からそれをとりあげることについては，奇妙に感じられるかもしれません。どちらかといえば，個別性に関わるものではないかと考える読者も多いのではないでしょうか。ここでは，そういった先入観を脇に寄せ，希望や夢といったものが，誰にとって，なぜ重要なのかということを考えてみたいと思います。

　従来の進路指導においても，キャリア教育においてもよく用いられるカリキュラムの組み立てに，夢や希望を描き，そこにいたる道筋をイメージさせ，その方向へと導くという方法があります。なるほど適当な指導のようにも思えるのですが，この方法の欠点は，夢や希望というものが意識されていない場合には進めようがなくなるというところにあります。そして，夢や希望を持たない生徒，学生がいるということが，新たに問題として指摘されることになります。

　以前からも，将来展望等に関する調査結果などから子どもの希望や夢が縮小している，明るい将来を描けないという指摘はなされてきました。そこにおける主たる論調は，希望や夢がある方が望ましいということを前提にしています。指導しにくいからという理由ではなく，なぜ希望や夢がある方が望ましいのでしょうか。

　この問題は，それほど簡単に解ける問題ではないと思います。たとえば，希望があると生きやすいとか，生活に張りがでるとか，達成し

た時に満足感や幸福感を得られるなどといった回答が予想されます。しかし，多くの場合は「あった方がよい」という程度であり，絶対的な説得力をもつ回答というものは出せないかもしれません。玄田（2006）は，希望を持つべきか，持たざるべきかという問いに，唯一の答えはないのかもしれないと指摘します。

　ここで，少し違った視点を引用してみたいと思います。フランスの哲学者であるコント＝スポンヴィル（Comte-Sponville, 2000）は，哲学者や宗教関係の言葉を参照しながら，絶望の状態が幸せであると述べます。ただし，コント＝スポンヴィルのいう「絶望」は，願望のない状態のことです。願望は，何かが欠けているために生じるものであり，願望がない，すなわち絶望であることは完全であることを意味します。完全であるから幸せであるというという論です。

　この論からみると，「希望があると生きやすいだろう」などと口にする場合は，その時点で欠けているものは無いかもしれないにもかかわらず，わざわざそれを探そうとする姿勢がうかがわれます。逆に，たとえ客観的にみた場合に何かが欠けていたとしても，本人が欠けていると認識しなければ，絶望の状態になり幸せでいられるともいえるでしょう。仏教の知足とも通じるところのある考え方といえます。

　このような考え方をとると，希望は個人が幸せになるために不要ともいえるものになります。希望を持つこと，すなわち欠けた部分に対して積極的に意識を向け，対応に努めることは，いわば未来に向けた自転車操業のようなものといえるでしょう。そしてそれを続けている限り，瞬間的な幸せには出会えても，幸せというものを持続的に感じられる状態にはなれないとも考えられます。すると最も合理的な方法は，欠けているものをそのまま受け入れ，希望というものを持たないようにすることだ，という考え方にもうなずけます。

　ところが，「幸せになりたければ，自分に欠けている部分は忘れましょう，あきらめましょう」というと，おそらく多くの人は納得しないと思います。コント＝スポンヴィルの指摘は合理的と思いつつも，

反対理由を探してしまうのではないでしょうか。おそらく反対理由としては，そのような考え方は人の成長を妨げてしまう，成長によるもっと大きな幸せを手放してしまうなどといったことが推測されます。ここに希望の社会的側面が反映されていると考えられるのです。

2　社会性としての希望

都筑は，その著書「希望の心理学」（都筑，2004）において，「希望は自分が達成したいという目標，そのときの自分の願いの強さ，そして達成できると信じる態度を含んでいる」と指摘しています。このような表現からは，希望に対するポジティブな印象やダイナミックな感じ，希望により人間が成長していく感じが伝わってくることだと思います。

では，先に紹介したコント＝スポンヴィルの指摘に同意し難いのは，人の成長に有用であるという希望のポジティブなイメージやその重要性が抜け落ちているためと結論してよいでしょうか。この点をもう少し考えてみたいと思います。

たとえば，「職場での仕事に希望を持ってはいけない。『あきらめ半分』くらいの方がうまくいく」と誰かが言っていたら，「それはおかしい」と感じる人も多いのではないでしょうか。もしかすると「仕事をあきらめ半分でやるとは何事か。希望を持ち，絶対にやりとげるという決意でやるからうまくいく」と言いたくなるかもしれません。

もちろん，こういう考え方も理解することはできます。ところが，この考え方は，希望が個人の成長に重要であり，個人の成長に期待をするという発想から生じているものではないと判断できます。仕事をする人はどうあるべきか，という信念が根底にあり，そこから生まれてくる考え方でしょう。「職場で仕事をするうえでは，希望を持ち，やりとげるという意志や態度が求められる」という信念があるから，そのように言いたくなるのだと考えられます。すなわち，個人の成長における希望の重要性を踏まえているのではなく，職場すなわち社会

が，個人が希望をもって仕事をすることを望んでいるというところに重要性を認めているといえるでしょう。

　近年では，社会学的立場から，社会と希望の関係に着目した研究も生まれています。例えば玄田（2006）は，希望を社会の原動力であり，同時に社会の産物であるという立場をとっています。希望が社会の原動力になるという見方があるからこそ，「職場での仕事に希望を持ってはいけない。『あきらめ半分』くらいの方がうまくいく」という意見に対して同意できなくなると考えられます。

　このようなことから，希望の重要性は個人のレベルでのみ考えられているわけではないといえます。希望をもち，それを追求することは，社会が個人に望んでいることだともいえます。社会にとって重要なものであるから，個人の希望が重要視されてくるといえるでしょう。

　このような点について，山田（2004）は格差問題の端緒となったといわれる著書で次のように書いています。「資本主義社会下で，人々のやる気を出させるためには，『多くの人』に，いまやっている努力（勉強，仕事や家庭生活での苦労）が，将来の『よい生活』につながるという期待を抱かせることが必要なのである。」この文章から，誰が，どのように困るから，「人々にやる気を出させる」ことが必要なのかを考えてみてください。さらに，なぜ「期待を抱かせる」ことが必要なのかと推測してみれば，個人が持つ希望の社会的位置がさらに明らかになってくるでしょう。

　希望に関する近著をみても，その多くは将来の社会に対する懸念が根底にあるものが多いようです。すなわち，個人の希望を育てることは，社会性の側面において重要な点になると考えられます。コント＝スポンヴィルの指摘に反対理由を探してしまうのは，個人の成長を無視しているためではなく，将来の社会に対する懸念がそうさせているといえるのではないでしょうか。

3　希望の芽をみつける

　それでは，社会性ともいえる希望を持つためには何が必要なのでしょうか。これは非常に難しい問いですが，絶対に不可欠なものは，社会に対する知識だと考えられます。たとえば，「デザイナーになりたい」という希望は，デザイナーという職業があり，どのような内容の仕事なのかを多少は知っていないと出てこない希望です。メディア等を媒介に入ってくるモデル，また実際に観察できるモデルを通して形成されたものは，すべて社会に対する知識が生み出したものといえます。

　心理学では，人がいだく欲求は大きく2つに分類されます。そのひとつは生理的欲求とよばれ，食べること，飲むこと，眠ること，呼吸をすることなど個体の生存に不可欠なものです。もうひとつは社会的欲求とよばれるもので，成長する過程における学習によって生じるものとされます。獲得する欲求，達成する欲求，承認を求める欲求，支配する欲求，親和への欲求など数多くの種類が提唱されています。希望も欲求のひとつの表現形態であるとすれば，生存に不可欠なもの以外は社会との接触による学習から生じると考えられます。

　そのため，社会に目を向けないままに自分と対峙し，いくら自分の中を探索しても，おそらく希望というものには出会えないと考えられます。本章1節に引用したフリーターも，「やりたいこと」を自分の内に求めているといえるのではないでしょうか。それを自分の外に求めるという気になれば，「やりたいこと」を具体的な内容を伴ったものとして表現できるかもしれないと考えられます。希望は私的なもの，わたくしのもの，内から自然に生じてくるものというような考え方は，希望に出会うことを困難にする可能性が高いと考えられます。

　しかし，いくら社会についての知識を増やしたからといって，希望が生じるわけでもないでしょう。その中に，何か自分の心にひっかかるものがないと，希望につながらないと考えられます。一般に，こう

いうときには「ひっかかる」という表現が使われることが多いのですが，少し誤解される可能性もありそうです。都筑（2004）などを参考にもう少し言葉を考えてみると，「それに何らかの意味を与えられそうだという感触がある」という表現がよいかもしれません。

　たとえばデザイナーという職業を知ったことで，「デザイナーになりたい」という希望が生まれたとします。デザイナーという職業を知ってからの希望なので，もともとそういう希望を持っていたとは考えられません。それゆえデザイナーという職業について得た知識が心にひっかかったことに端を発するといえるのですが，「デザイナーになりたい」という能動的な態度を形成しているところは，単に「ひっかかった」という表現をあてるだけでは不足しているように思います。能動的な態度が形成されたということを表現しようとすると，「それに何らかの意味を与えられそうだという感触がある」という自発的な面を含んだ表現が妥当といえるのではないでしょうか。なお，ここで使っている「意味」という言葉は，「私が与える意味」でもあり，「社会が与える」意味でもあります。

　このように考えてくると，キャリア教育において希望や夢などをあつかう場合には，多くの社会の情報を提示することが不可欠といえます。それは職業の情報のみならず，背景にある社会の動向を含んだ幅広い情報が望まれるでしょう。その方が，意味を与えやすいと考えられるからです。これは国語辞典と百科事典の違いに例えることができると思います。同じ言葉をひいても，国語辞典の方が簡潔でわかりやすいのですが，百科事典の方がおもしろい発見をすることが多いのではないでしょうか。おもしろいと感じるということは，何らかの意味をそれに与えることができたということです。これは情報量が多く，背景を含めた構造的な説明がされているからだと考えられます。同様な情報提示の仕方が，意味を与えるということを促進する可能性が高いといえるでしょう。

　さらに，このような学習をしている際には，自分の心の動きに注意

しておくようにうながす必要があるでしょう。たとえば、ある人への「あこがれ」は強い希望を生み出しやすいと考えられますが、そこに作用しているのは理知的な判断ではなく、情緒的な心の動きといえます。単に情報を収集して、それらを理性的に整理、比較し、最適解を求めたとしても、それは強い希望にはなりにくいでしょう。提示された情報に対する自分の心の些細な動きをとらえるところから、希望の芽を見つけ出そうとするような姿勢が必要ではないでしょうか。理性的に判断するのは、夢が芽生えてからで十分だと思われます。

4節　社会の人になる

▶ 1　市民（citizen）

ここまでは、主に職業に焦点を当てて社会性を考えてきましたが、もちろん社会性は職業にかかわるものだけではありません。社会の中で生活を営んでいくためのさまざまなことがらも、関連するものとして取りあげられなければなりません。

人の持つ職業以外の役割を指摘しているものとして、スーパーのキャリア・レインボー（人生キャリアの虹）は、よく知られた理論でしょう（図4）。その図では、円弧に沿って、誕生から死までの時間が配置され、その弧に沿って、人生における代表的な6つの役割が配置されています。図はある人の例で、70歳代後半まで生きたことがわかります。そしてその人生の中で、どの時期に、どの役割に力や時間を使ったかということが、網かけ部分で示されています。たとえば45歳ごろに、職業人の役割が中断されていますが、その際には家庭人や学生という役割を果たしていたということがわかります。

さて、この6つの役割には、もちろん職業人（worker）は含まれていますが、それ以外に市民（citizen）、余暇人（leisurite）、学生（student）、家庭人（homemaker）、子ども（child）という役割があげ

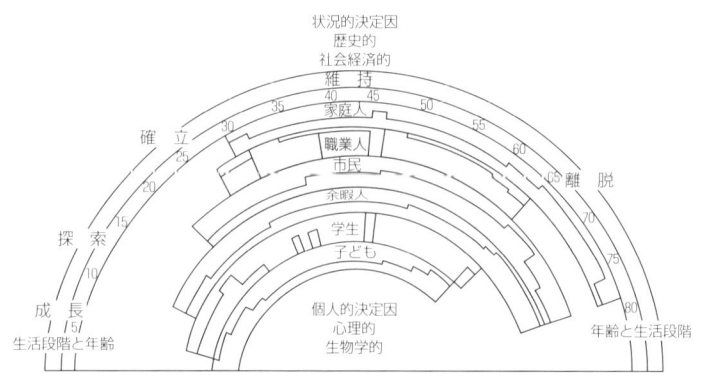

図4 キャリア・レインボー（Super et al., 1996を一部改変）

られています。この中で，社会性に特にかかわりが深いと考えられる市民と家庭人という役割を取りあげて考えてみたいと思います。

まずは市民（citizen）を考えてみたいのですが，「市民」という字からは，市の住民，街の住民というイメージを強く受けるのではないでしょうか。市の公報などに「市民の皆さん」という表現があったりしますが，このような意味合いで市民をとらえる機会の方が多いと思います。

しかし，ここでのcitizenの意味は，住民というよりは，国民とか公民といった意味です。単にそこに住んでいる人というだけでなく，その社会に参加する権利と果たすべき義務をもっている人という意味です。こういった市民によって国は成り立っていますから，我が国においても，市民を育てることはとても重要なことになります。以前に教育基本法をとりあげましたが，そこにある精神はまさにこのような人を育成することを指しているといえるでしょう。

社会の要請を受ける教育は，この市民の育成と深い関係にあります。アメリカの少し古いキャリア教育（職業教育）の本（Prosser & Quigley, 1949）には，次のような記述もあります。

　　民主主義社会において理想とするのは，何といっても，各個人がその社会生活

> に最大限の参加をすること。そうでなくてはならない。
> アメリカの教育制度は、「人民の、人民による、人民のため」のアメリカ社会に、各個人が参与することができるよう、また参与することを奨励するように作られている。

 すなわち求められる市民は、自分たちが社会の形成主体であることを認識し、社会に積極的に参加しようとする人々といえます。選挙権や被選挙権の行使などは最も代表的なものでしょうが、自分の所属する社会に対して何らかのアクションをとれる人が民主主義の我が国においても求められているといえるでしょう。もちろん、これが本書でいう「しごと観」と関連していることはいうまでもありません。

 これと類似した指摘であり、またキャリア教育という観点からも耳を傾けるべき指摘を哲学者のヴェルジュリ（Vergely, 2002）が記しています。

> 人間になるには準備が必要なのである。ただ単に人間になりたいと思う人が人間なのではない。人間になろうと努力する人が人間なのである。この意味において、民主主義にはその名にふさわしい真の要求が含まれている。自分の好きなものになれるし、またそれを要求することができるのだと誰にも思いこませるような扇動を、真の民主主義者はしない。

 日本は民主主義ではあるものの、人々の民主主義に対する知識や意識は未熟であるということはよく指摘されます。また戦後の日本の民主主義は、「もっとも成功した社会主義」と評されることもたびたびです。もしこのような評が的確であるなら、これからの社会に生きる人を育てるキャリア教育には、市民を育てるという重要な使命も課されていると考えておくべきかもしれません。

 さらに新自由主義的風潮の強い現在では、戦後の民主主義がそれなりにうまくいっていた時代の教育とは違ったものが、市民を育てるという点において重要性を増していると考えられます。新自由主義的風潮が強まったのは選挙の結果であり、市民の選択といえますが、今後このまま進むのか、違う方向へと再び舵をきるのかを選択するのも市民です。このような選択は将来の職業環境、生活環境の選択とも大き

くかかわってくるものであり，職業との関連からも市民を育てるという点は重要になります。

ところが先にも触れたように，市民という日本語は，市の住民というイメージが強いようです。協力者会議報告書などでは社会人という言葉が使われていますが，この言葉の方が citizen の意味を表すものとして身近なもののように感じます。しかし，この社会人という言葉も citizen を意味するかというと，適当と言い難い点があります。社会人は，一般的には社会で活動する人，社会の一員を指していると考えられるのですが，「社会人＝職業に就いている人」のように使われることも多いのです。社会人に職業という要素を含めてとらえると，citizen という意味から遠ざかってしまうと考えられます。スーパーの図（図4）にあるように，市民と職業人の役割が区別されているという点が反映されません。とはいえ，国民というとまた少し違ったニュアンスが伝わります。教育基本法や学習指導要領では公民という言葉も使われていますが，公民という概念の内容よりも教科名の方がイメージされやすのではないでしょうか。

このように citizen という概念がうまく日本人の中に位置しない根本的な原因のひとつとして，「社会」や「個人」といった概念と同様，輸入品であることをあげることができるでしょう。もちろん地域の共同体のようなレベルでは以前よりあったものといえますが，国を担う，政治を担う，そこに参加するといったようなレベルでは，百年ほどの歴史しかないといっても過言ではありません。こういった状況であるからこそ，教育内容としてあつかうことが重要と考えられます。

市民育成に関しては，従来から「公民的資質」とか「公民性」，「公共の精神」，「市民性」などといった概念が様々な領域で検討されてきています。それぞれの議論が，政策レベルでの議論であったり，教科教育での議論であったり，市民活動としての議論であったりと，相互の連携が不足している感は否めませんが，キャリア教育におけるあつかいに対しては示唆を得ることができるでしょう。

▶ **2　家庭人**

　家族は最も小さい社会といわれることもあるように，社会性が求められる集団です。子どもは家族の中で基本的な社会性を獲得していきますので，まわりの人間は社会性を提示するモデルとなるのです。人と人のかかわりという意味では家庭人も市民という役割と類似している点がありますので，ここでは，家庭人という役割における家庭経営の側面，特に金銭面について触れたいと思います。このような視点は，家庭生活から職業を考えることにもつながります。

　残念なことだと思うのですが，現在のキャリア教育において金銭面についてあつかわれることはほとんどありません。職業の要素として経済的側面が存在しているにもかかわらず，なぜかあまり触れないままに実施されているようです。センター報告書においても，協力者会議報告書においても，「お金」や「報酬」，「賃金」，「収入」といった言葉は正面から取りあげられてはいません。

　これらの報告書で取りあげられなかった理由は，推測できないこともありません。センター報告書は，「世界青年意識調査」における，働く目的についての結果（図5）を引用しています。これをみれば，6割程度が収入を得ることを働く目的としていることがわかるので，収入には言及せずとも，その重要性は認識されていると推測することができます。他方，協力者会議報告書には，「働くことには，報酬を得て生計を維持することだけでなく，身体を動かして汗する苦労や厳しさを通してしか味わうことのできない成就感や自己実現の喜びがある」という記述があります。ここに「報酬を得て生計を維持することだけでなく」とあることから，センター報告書と同様な認識をもっていると考えられます。

　しかし，「収入を得ること」という働く目的を持っているから，それでよいとは考えられません。単身の家庭であれ，家族のいる家庭であれ，家庭人としては，収入の面だけでなく，支出の面にも留意し，

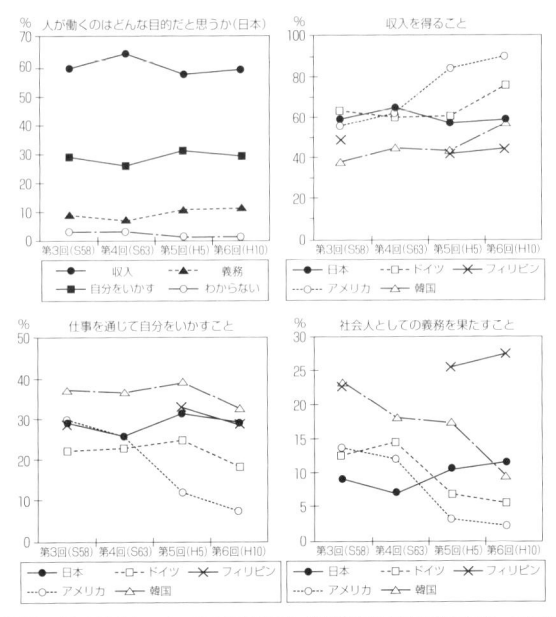

図5　働く目的についての意識調査（総務庁青少年対策本部，1998）

お金の流れ全体を管理する管理者になる必要があります。管理者としての資質を育成することは，キャリア教育において社会性をはぐくみ，社会の中で主体的に生活できる人間を育成する上で重要なことだと考えられます。

　収入の面においては，職業の経済的側面をきちんと認識することが重要でしょう。2008年秋ごろからの雇用状況は，多くの人がもつ，職業の経済的側面に対する認識の甘さを映し出したといえるかもしれません。派遣社員等に関しては，その法律の改正が議論されていた時から，安定雇用に対するリスクは指摘されていました。雇用の安定は，個人の経済的安定と直接的に関連します。職業に継続的な経済的基盤を求めるような人の場合，合理的に判断すれば派遣社員になるはずはないと考えられます。また継続的に経済的安定が確保できない地位な

ので、職業とは言い難いものです。派遣という立場を認識した上で、家庭の経済状況を踏まえ、そういう地位でも構わない人のみが就くことのできる仕事のはずです。

しかし現状は、そうではなかったことが明らかになりました。派遣が打ち切られることによって、「生活が苦しくなる」ではなく、「生活ができなくなる」人が多く含まれていました。すべての人がそうではないでしょうが、職業とはなりにくいものを、職業と誤解してしまった人も多く含まれていたということです。もちろんこの誤解は、働いていた人だけではなく、雇用者にも仲介斡旋を行った人々にも、行政、立法関係者にもあったのかもしれません。

職業の経済的側面は多くの人に理解されていると考えられます。しかし、このような状況になってしまったことを踏まえると、調査結果から「収入を得ること」という働く目的をもつ者が多いからといって、収入を得るということが十分に吟味されているとは考えにくいでしょう。たとえば大量採用、大量解雇を繰り返すような会社に職を求めることは、自分から望んでリスクを背負ってしまうような行為です。本来の職業の経済的側面を認識していれば、このような選択はなされないはずです。

職業の経済的側面については、当たり前と認識されているでしょう。そういう認識があるからこそ、キャリア教育において丁寧に扱う必要があるでしょう。

支出の面においては、収入に関してよりもさらに知識を持たないと考えられます。中学校の家庭科の学習指導要領には「消費生活」という内容がありますが、おそらく学校において生活上の支出に関する学習内容はこれだけではないでしょうか。また家庭においても、無駄遣いをしてはいけないとか、貯金をしなさいという程度であり、家庭で実際にどの程度の金額が、何にあてられているのかということを子どもが知ることはまれであると思われます。

職業は、理論的には社会の役割分担を引き受けることですが、そこ

にある姿勢は，引き受けるという受動的なものではなく，極めて能動的なものといえるでしょう。職業にはげむ人々は，仕事の依頼をただ待つのではなく，「このような役割が担えます（このようなサービスが提供できます）」と積極的に社会に訴えます。それが魅力的なコマーシャルとなり，社会に氾濫しているのが現状です。個人が職業に積極的に関与すれば関与するほど，社会には支出をうながす誘惑が増加するという関係が考えられるのですが，このような誘惑に満ちた社会で金銭に関する知識の少ない者が破綻しない生活を送るのは困難なことといえるかもしれません。

そのため家庭を形成する役割において，職業と収入，生活，支出といったものを切り離して考えることはできません。切り離してはいけないはずなのです。ところが，これらを包括的に考えることは難しいともいえます。たとえば高卒の初任給は平均して16万円程度，大卒で20万円程度といわれます。このようなデータはあるのですが，そこからおおよその手取り額を計算したり，そのなかでどのような生活ができるのかをイメージすることは難しいでしょう。特に生徒や学生にとっては，まったく想像できないことかもしれません。さらにキャリアという時間の概念を持ち込み，長期的視点にたって職業と収入，生活，支出を考えることは，なおさら困難なことになります。

また，論拠となるものを持たないのですが，たとえば以前に流行った「金持ち父さん　貧乏父さん」(Kiyosaki, R. & Lechter, S., 1998)など金銭に関する本を読んでいると，資産をもつ者はお金について勉強し，資産をもたない者は勉強しない傾向があるように思います。このような金銭に関する知識における差が，さらなる差を生み出すことも懸念されます。

「若者自立・挑戦プラン」では，所得格差の拡大，社会保障システムの脆弱化，社会不安の増大などが職業の問題との関係で取りあげられていましたが，これを職業による収入の面からのみ考えることは不適当といえるでしょう。ましてや，収入を度外視し，職業選択の問題

へと集中してしまうようであれば，もはやキャリア教育とはよべないでしょう。そこに家庭経営という観点を持ち込み，内容を検討することも不可欠といえます。

　先にも少し触れましたが，金銭的な問題は教科的には家庭科教育の内容と一部重複します。将来設計や生活設計という視点（例えば，高橋 2008 他）も，重要なキャリア教育の視点です。しかし，もちろん家庭科だけに任せておく問題ではありません。どのような機会に，どのような内容の支援が可能なのか，様々なアイデアが出てくることが期待されます。

第4章
個性化を促進する視点からのオピニオン

　本章では，個性をはぐくみ，個性化を促進するという視点からの意見を示していきたいと思います。個性とは，ある人を他者と区別する違いですが，そのような違いをふまえ，ユニークな存在，主体性の完成をめざそうとすることが個性化の方向といえます。そしてこれは，教育基本法にある人格の完成を目指す方向とも一致すると考えています。

　前章にあげた社会性の側面は，キャリア教育において当然の内容といえるでしょう。しかし個性化という側面については，それぞれの個人を中心にしたものなので，それをキャリア教育で取りあげるべきなのかどうかという議論もあると思います。しかし，キャリア教育において非常に重要な面であると考えています。なぜなら，個性化は社会の中で生きる個人に不可欠な側面と考えられるからです。

1節　人格を発達させる

▶1　発達した人格とは

　教育基本法において，教育の目的として社会性と並んで重視されている，というよりは順としては第一にあげられているのが人格の発達でした。しかし，人格の発達とは何か，どのような状態を発達した人格とよぶのかということは自明ではありません。

　教育基本法において，教育の目標として記されている「幅広い知識と教養を身に付け，真理を求める態度を養い，豊かな情操と道徳心を培うとともに，健やかな身体を養うこと」，「正義と責任，男女の平等，自他の敬愛と協力を重んずるとともに，公共の精神に基づき，主体的に社会の形成に参画し，その発展に寄与する態度を養うこと」という部分は望ましい人格形成にかかわる内容と考えられますが，もちろんこれだけではないでしょう。国語辞典を参考にすると，品性とか人間性がすぐれているというような表現も用いられています。

　心理学の分野においても，発達した人格を探究した研究者はいます。その中でも有名なのは，オルポートでしょう。オルポートは成熟した人格の6つの基準を以下のように示しています（Allport, 1961）。

1. 自己意識の拡大
   広い範囲の物事や人に関心をもち，それらに積極的に参加する。
2. 自己が他への暖かい関係をもつこと
   他者と親密になれるが，他者にとっての重荷や迷惑にならず，他者を尊重し，共感することができる。
3. 情緒的安定（自己受容）
   感情に振り回されず安定しており，自分を受容している。
4. 現実的知覚，技能および課題
   現実をあるがままにとらえ，課題意識と解決する技能をもつ。
5. 自己客観視：洞察とユーモア
   自分を客観的にとらえる。ユーモアと洞察力を持てるようになる。

6．人生を統一する人生哲学
　人生に統一を与える人生哲学，人生観をもち，それと調和する。

　もちろん教育基本法の記述もオルポートの指摘もひとつの例に過ぎませんが，示されている人格の側面が個人的なことだけではない点が興味深いといえるでしょう。社会との関係に関する内容が含まれています。

　考えてみればこれは当たり前のことで，誰かを人格者であると判断する時，判断する人は，判断される人の行動を判断材料としています。もし，判断される人が他者のことを気にせず，自分のことばかりをしていたら，おそらく人格者とは判断されないでしょう。自分以外のためにも何らかの行動をすることから人格者と判断されます。すると，やはり発達した人格というものは，社会と密接に関係していると考えられます。

　教育基本法やオルポート以外にも様々な考え方があり，発達した人格，望ましい人格というものをひとつに定義することはできませんが，それと社会とは密接に関係しています。ここではキャリア教育という視点において，人格の発達はどのような位置にあるものなのかという視点から考えてみたいと思います。

▶ 2　人格とキャリア

　以前から，いくら生活のためとはいえ，法に触れるような行為や，道徳に反するような行為を伴うものについては，それを職業とはよばないと指摘されます。これはあまりにも当然のことかもしれません。しかし現実をみると，職業には生活の糧を得るという背に腹は代えられない側面があるため，グレーともいえる職業，会社，行為が社会に存在していることも明らかです。

　いわゆる一流企業とよばれる会社でも役所でも，組織的な不正行為があることは，少しでもメディアに触れていれば頻繁に目にすることです。もちろん，いかに愛社精神ゆえといえども，組織のため，営利

のためといえども,こういった行為を積極的に展開することだけでなく,その片棒を担ぐような人間を育てることもキャリア教育の目指すところではありません。

そのようなことが無いようにと,組織のトップは頻繁に口にしていますが,現場ではそれが起きてしまっています。その原因をどこに求めるかという点では議論があるでしょうが,キャリア教育ができることは,そのような状況に直面した時に,適切に対応できる個人を育てるということだけです。これは,個人の人格を育てる必要性にほかならないと思います。

こういった問題は古くからあるようで,たとえば新渡戸（1916/1982）は「自警録」などの著書で何度も触れています。その一つを引用してみます。雇用は契約であり,双方の独立は失われないと指摘した後に,次のように続けます。

> かくのごとき場合には契約の両者が依然として独立の心を失わぬのである。また身は一見縛られているようであるが,一方の嫌というのを縛るのでなく,自由の契約である。自分の心に面白くなしとあればその契約を解くことも出来る。役人も国家の命令により身を縛られるとは論するものの,あくまでも心の盲従を要求されない。いかに国家の命令とはいえ,役人にして国家の為す所に胸に落ちぬことがあれば,その命令を拒むことは出来なくとも,自分より進んで職を辞することは出来る。

思い切った表現だと思いますが,この指摘に間違ったところはないとも思います。これに類似した内容で,少し前に「内部告発」というものが注目を集めた時期がありましたが,最近ではあまり耳にしなくなってしまったような気もします。

組織の不正に対してひとりの個人ができることはそれほど多くないといえます。内部告発という形式で対決し,それを解決するという方法も一案でしょうが,そこを辞するということも,自らの倫理観や正義をつらぬき,組織に対して意思を表明する一つの選択肢といえるのではないでしょうか。いずれにしても,役人であろうが会社員であろうが,現状で頻発している問題を解決するには,不正に適切に対応で

きる個人が求められることは間違いないでしょう。

しかし，ここには大きな問題もあります。引用文中には「心に面白くなし」という表現がありますが，もちろんこれは自分にとって面白くないとか，不都合であるといったことではないでしょう。もっと大きなもの，すなわち倫理や正義といったものに照らし合わせたときに，面白くない，腑に落ちないというものであるに違いありません。

自分の仕事に興味が持てないから，つまらないから辞めるということについても，その個人にとっての意義は存在するでしょう。しかし新渡戸のいう職を辞するという行為も，内部告発のような行為も，いずれも個人的な意義のみですべきものとはいえませんし，個人的な意義だけではできない行為ともいえるでしょう。正義や大義，倫理といった，個人的意義を越える大きな何かに従っているという感覚がなければ，不適切な行為になりかねません。これは，発達した人格に支えられていると換言してもよいでしょう。

このような不正に対処できる個人は，社会にとってはもちろん，会社などの組織にとっても非常に重要な存在といえます。会社等の組織として職業倫理というものに取り組んでいるところもありますが，キャリア教育において行うべきなのは，そういった個別の倫理ではないでしょう。先の新渡戸の例，おそらく職業倫理で考えると離職という意思表示の仕方は適当ではないのかもしれません。このように考えると，やはりキャリア教育において正義や大義，倫理といった人格の側面をあつかうことは，個人レベルの問題ではなく，社会的な視点からも重要であるということが明らかになると思います。

3　教養とキャリア

書店には様々なビジネス書が並んでいます。それを眺めていると，ある特徴に気づくことができます。いわゆるビジネスのハゥ・トゥに関するものも多いのですが，教養というものを主とした書籍も多く出版されています。ここで取りあげている人格を高めることにつながる

ような内容のものです。

「ビジネス教養」という言葉も使われているようですが，古くからリーダーなど人の上に立つ人には教養が求められ，またビジネスなどにおいて成功するためにも教養が必要であることは常に指摘されてきました。現在もそれは変わっていないようです。しかし，一般的に教養というものの重要性はどのように認識されているでしょうか。

1991年の大学設置基準の大綱化にともない，多くの大学からいわゆる教養課程，専門課程という区別がなくなりました。これに関しては多くの議論がありましたが，それによって大学生が「教養」という言葉を目にする機会が減ったということも明らかだと思われます。さらには，就職の厳しさをも背景にしていると考えられる専門志向や資格志向によって，ますます教養から疎遠になっているのではないでしょうか。そして，教養というもの自体について，さらにはその有用性の認識に対しても疎くなっていると考えられます。

この教養というものですが，本節であつかっている人格の発達としばしば関連して取りあげられます。これは，日本がドイツから輸入した大学像の影響を受けているといえます。阿部（2001）によると，日本の大学はドイツの教養大学をひとつの手本として生まれたそうです。その教養大学は，実用的な学問，実利を目指したものではなく，それを排除し，個人の精神的自立と完成を目指していました。この考え方を輸入したために，教養は人格の発達に不可欠なものとして位置づけられたものと考えられます。

前章で河合（1933）の言を取りあげましたが，その論旨は次のようでした。人生の目標は人格の成長にあり，人格の成長とは全人の姿を体現することにある。しかし職業は分業システムなので，全人性を目指すという人生の目標に反する。そこで自己の全人に立ち返るため，哲学や倫理学の書物を読むことや，人生に関する高尚な講演を聴くことなどが必要である。このような論は，教養が人格の発達に不可欠なものという考え方そのものといえるでしょう。河合は大正4年に東京

帝国大学を卒業して後に母校の教官になっていますし，人格の成長に重きを置く主義を持つ人物として著名ですので，それらを考慮すると当然といえば当然の言といえます。

現在，キャリア教育は教養との関係から語られることも多くあります。特に大学では，先に述べたように従来から教養教育が重視されるので，キャリア教育の導入には教養教育との整合性が必要とされるからです。これまでは，教養科目と専門科目の関連について議論されることが多かったのですが，ここにキャリア教育という内容や考え方も加えて検討する必要が生じました。さらに，大学の抱える専門分野にしても，たとえば工学などのように学問が職業に直結しやすい分野と，文学などの直結しにくい分野があります。これらの大学にあるさまざまな教育内容的要素をつなぐ糸，さらにそれらを入学前，卒業後ともつなぐ糸としてキャリア教育が位置づけられていることが多いようです。

このような位置づけの検討において，教養は専門科目に対しての基礎的科目という意味合いや，リベラルアーツの訳という意味で考えられている場合が多いようですが，教養が何を意味するのかということや，教養とキャリア教育の関係はあまり明示されていないようです。阿部（2001）は，日本の大学はドイツの教養大学を手本にしたけれども，現在でも教養とは何かというという点では議論は一致していないと指摘します。確かに，一般的に教養という言葉は多様な意味で用いられているといえるでしょう。ここでは，教養とは何かという定義には向かわず，多様に解釈される教養が，キャリア教育においてどのように重要であるのかということを指摘しておきたいと思います。

▶ **4　さまざまな教養**

まず，個人の精神的自立と完成を目指すという意味での教養の重要性を指摘できます。河合（1933）の指摘するように，分業化された社会，職業の中で生活し，またさまざまな役割を担って生きていくこと，

さらには人格の発達が必要とされる実生活を考えると，それは大きな重要性を持っているといえるでしょう。「一切の実務から離れ，宇宙や国家に思いを馳せる（阿部，2001）」ようなこと，そういう時間を持つことの意義が，現実に迫られ，追い立てられるような実生活と対比から語られることが必要でしょう。

またこのような意味での教養は，リベラルアーツ（liberal arts）の知識を背景としています。リベラルアーツは，12世紀以後のヨーロッパの大学で一般教養として開講されていた「文法学」，「修辞学」，「論理学」，「算術」，「幾何学」，「天文学」，「音楽学」の「自由7科」がもとになっています。大学で開講されている教養科目（共通科目などとよばれています）も同様な背景を持っており，さまざまな領域の学問を含んでいる点が特徴といえます。大学設置基準の「幅広く深い教養及び総合的な判断力を培い，豊かな人間性を涵養する」という部分を担う位置にあるといえます。

さまざまな領域の知識が人生において必要なことは，改めて指摘するまでもないでしょう。大学や社会に出た後に必要になる知識は，広範囲にわたります。専門ではない分野，得意でない分野があり，その分野のことを知らないために損をしたり，失敗したりすることはよくあります。専門的というイメージの強い研究の世界でも，近年は複合領域の研究や学際的研究が盛んに行われていますので，専門領域に閉じてしまうことは望ましいことではありません。専門的なキャリアを追求すればするほど，幅の広い知識が不可欠であるため，ここにも教養の重要性を指摘できます。

さらに，多分野にわたる知識を獲得することも重要ですが，教養の重要性はそれだけに留まりません。「教養」を国語辞典でひくと，それは多識という意味ではなく，創造性をともなったものとして説明されています。このような特徴について内田（2005）は，「教養とはかたちのある情報単位の集積のことではなく，カテゴリーもクラスも重要度もまったく異にする情報単位の間の関係性を発見する力である。」

「雑学は『既に知っていること』を取り出すことしかできない。教養とは『まだ知らないこと』へフライングする能力のことである」(傍点は内田による)と述べています。社会や会社においてはもちろん，個人の生活においても問題解決や創造ということは強く期待されているものですが，それを支えるのは教養だといえます。

　以上のようにキャリアという視点から検討しても，教養は重要な位置にあるといえます。しかし，現状ではそれは有効にあつかわれていないと考えられます。たとえば，初等中等教育において多数の教科があるということは，リベラルアーツ的です。しかし，「主要科目」といった表現，文系理系の区別の存在，「総合的な学習の時間」のあつかわれ方などをみていると，残念ながら教養的ではないという感じも強く受けます。

　このような現状は，ドイツ教養大学の発想に，教養は高等教育においてあつかうものという考え方があったためかもしれません。日本はそれを輸入したので，初等中等教育に教養は適当でないというイメージが強く，リベラルアーツ的にあつかわれ難いのかもしれません。また，受験というものに対する意識も強く影響しているといえるでしょう。受験に必要か不要かという発想が，多種の教科があることをメリットではなく，デメリットとして認識させているとも考えられます。このような受験に対する意識は，極めて短い時間的スパンでしか教育をみていないということもできます。

　さまざまな教養の意味や意義を考えると，それは初等中等教育においても意識されるべきものと考えられます。本格的なキャリア教育的視点が導入されれば，初等中等教育に設置されている多種の科目を教養という視点から見直すことができ，それによって生きていくことに対する有用な支援となることが期待されます。

　このように教養を重視する姿勢は，専門志向や資格志向などが強まっている傾向と対立するかもしれません。しかし，たしかに専門志向は職業に就くためのひとつの武器になるでしょうが，キャリアという

長期的な視点でみると，何かに特化した学習はリスクにもなりかねないとも考えられます。その職業を長期にわたって継続し，さらに高みに上ろうとすると，どうしても教養というものが必要になってきます。就職した後にどの程度学習に費やす時間があるかを考えると，学校時代の蓄えが重要になることは明らかでしょう。また学習理論からは当然のことですが，基礎があるほど積み上げは効率的になります。そうであれば，在学中に養った教養が就職後のキャリアに影響しかねないと考えられます。

　本節では人格の発達とキャリアという観点から検討してきました。人格の発達は，キャリア教育にとって重要な要素となると考えられます。ところが，現在のキャリア教育は，このような個人の人格といったものについてはほとんど触れていません。しかし人格の発達は，個人のキャリアにとっても，社会や会社にとってもプラスに作用する可能性が大きいと考えられます。そのあつかいは難しいでしょうが，キャリア教育で取り入れなければならない内容に違いないでしょう。

2節　学ぶことを学ぶ

▶1　学び続ける力

　先に述べた人格に関する問題とも関係しますが，学校卒業後も学び続けることの重要性は各所で指摘されていることです。学び続けることでしか，人格は発達しないといえるでしょう。これは前章の社会性についても同様であり，本書のすべての指摘の基盤に「学ぶ」ということが位置するといっても過言ではありません。

　もちろん，このように学ぶということを重要なものとする認識は一般的であるといってもよいでしょう。学ぶことや考えることについての一般書，ビジネス書が非常に多く出版されていることは，その証左といえます。ところがこのような指摘や書物が多いということは，学

び続けない人，すなわち学校卒業と同時に学ぶことをやめてしまう人が多いこと，もしくは学び続けるということに困難を感じている人が多いことを示唆しているのかもしれません。そうであるとするならば，キャリア教育においても学ぶということを積極的に取りあげる必要性が生まれてきます。

　学ぶということについて，またそれと関連する様々な事柄については，従来から学校に対して多くの注文が出されてきました。中央教育審議会は多くの答申をしてきましたし，文部省／文部科学省は学習指導要領などを通して具体的な指示をしてきました。これが何十年も繰り返されてきたのです。ところが，未だ学校は学ぶ場として良くなったという声は小さく，課題が山積みとみなされることが一般的なのではないでしょうか。

　ここで少し視点を変えてみたいのですが，なぜ多くの課題が学校にあると認識されるのでしょうか。なぜ学ぶことに関して，学校に注文が出されるのでしょうか。

　それは第2章で示した図1のように，教育は社会の期待を担っており，その教育を主として担当している場所が学校であるという認識があるためと考えられます。しかし，生涯にわたって学び続けることが必要であるという認識であるのに，なぜ学校がその注文を引き受けなければならないのでしょうか。

　おそらくこれは，小さい頃から義務教育やその後の学校での学習を通して，生涯にわたる学びの基礎を身につけてほしいという期待があるからでしょう。その基礎があってこそ，それぞれの個人は卒業後も学びを続けられる。卒業後には学ばなくなるということは，その基礎を身につけられていないということであり，その原因は学校にある。こういう論理だと考えられます。

　これまでの検討から，キャリア教育は教育が目的としているもの全体と密接にかかわるものであるということは明らかでしょう。それゆえ，学校がなぜ期待に応えられていないのかという現状を検討しない

限り，新たにキャリア教育を導入してもうまくいかないことは自明ともいえます。そこでここでは，学ぶということを学校卒業後も続けられるということを中心に置き，キャリア教育的視点からどのような提言ができるかを考えてみたいと思います。

▶ 2 教育と社会

ここでは，学ぶということを学校卒業後も続けていける力というものを考えていくのですが，まずは「学力」という言葉に着目するところから始めたいと思います。表3は，市川（2005）が学力についてまとめたものです。これを参考に検討を進めます。

表3 「学力」をどうとらえるか（市川，2005）

	測りやすい力	測りにくい力
学んだ力	知識 （狭義の）技能	読解力，論述力 討論力，批判的思考力 問題解決力，追究力
学ぶ力		学習意欲，知的好奇心 学習計画力，学習方法 集中力，持続力 （教わる，教え合う，学び合うときの） コミュニケーション力

市川は，学力を2つの基準を使って分類しています。そのひとつは，「学んだ力」と「学ぶ力」という分類基準です。「学んだ力」というのは，すでに身につけた力のことで，「学ぶ力」というものがここで着目している学び続けるための力になります。さらに表では，試験などで評価しやすい，つまり測定しやすい力と，測定しにくい力という基準も用いられています。この2つの基準から，学力には4つの力が内包されていることが示されるのですが，先に記したように，学ぶということを学校卒業後も続けられるということを中心に置いた場合，着目すべきは「学んだ力」と「学ぶ力」という分類の方であり，特に「学ぶ力」の内容に着目することになるでしょう。そして「測りやす

い力」,「測りにくい力」という分類は,特に考慮しなくても問題はないと考えられます。

ところが,現実には「測りやすい力」,「測りにくい力」という点が大きな影響力を持っています。なぜなら,何らかの評価を行うためには,測定が不可欠だからです。入学試験や入社試験,各種資格試験においても,正確に測定できるものが最も重要視されます。そうでなければ,公平さ,公正さというものを保持できなくなるからです。教育機関にもアカウンタビリティーや数値目標という概念が持ち込まれたので,ますます「測りにくい力」は排除される傾向にあります。

表3を見れば明らかですが,「測りやすい力」への注目は「学ぶ力」の軽視につながる可能性が高くなります。「測りやすい力」であり,「学ぶ力」でもある部分には何も記入されていません。つまり,現状ではそのように分類されるものはほとんどないのです。これは現在の測定用具やその信頼性,妥当性の点において,「学ぶ力」を測りきれないからです。

また,「学校は重要な部分に立ち戻って『学ぶ力』への注力を!」と指摘すると,おそらく多くの教員の方からは,「理想ではあるが現実的には…」という声が出てくることだと思います。そういった学ぶ姿勢作りが重要なのはわかっているが,それをやっているとカリキュラムをこなすことや受験に間に合わない,受験に合格できる力が育たないという意見が出てくるでしょう。実際にこれまでもずいぶん耳にしてきました。「ゆとり教育」は,このような点に対する対応という側面がありましたが,結局は「学んだ力」重視の教育へと方向転換されたことは周知の通りです。

同様なことは,大学や大学院などの高等教育機関でもおきています。ゆとりをもって研究や勉学に打ち込むという状況は,以前よりはるかに少なくなっているといえるでしょう。会社や文部科学省などといった社会が求める基準へと到達させることが目標となり,学生が自分で学ぶという過程を見守るという,時間がかかり,効果もはっきりとし

ないものは隅へと追いやられる傾向があります。

　こういった傾向を踏まえると、最も重視されるべき「学ぶ力」は、重要と考えられているけれども軽視されるという奇妙な状況が起きているといえます。このような奇妙な状況は、学校の問題として考えるよりは、教育に注文を出す社会の問題として考える方が適当でしょう。おそらくもっとも影響力の大きなものは、産業界的な発想で教育を考える傾向が強くなったからではないでしょうか。

　たとえば学校間での教育力を競わせることは教育の発展にかなったものかもしれません。しかし、教育力を評価できる方法が未確立です。表3が示すように「学ぶ力」は測りきれないため、ほとんどの場合、教育力の評価は卒業時点での「学んだ力」で判断されます。学校の教育力は入学時と卒業時の変化から評価されることが当然といえるのですが、このような変化を測定することも困難であり、現実には出口のみでの評価が主となっています。そのため、学校はいかに優秀な入学者を集めるかという点で腐心します。それが最も注目される教育の成果に結びつきやすい努力になるからです。これでは教育の発展には結びつかないでしょう。

　さらにこのような現状の中では、「学ぶ力」といった本質的な力は、優秀な入学者を集められた一部の学校でのみ育成が可能な状況になりかねません。そうでない学校ほど、カリキュラムの消化など「学んだ力」の保証で精一杯になるからです。すると、卒業時においては最低限の「学んだ力」は担保できるかもしれませんが、「学ぶ力」の差はさらに広がっていると考えられます。そして「学ぶ力」が社会に出てから重要になるとすれば、生涯にわたってその差が影響し続けると推測できます。

　また、産業界が求める人材育成というような位置づけ、期待も強くなっています。就職基礎能力や社会人基礎力のレベルなら問題は少ないと思いますが、即戦力的な力を求められれば求められるほど、それは職業能力を含む「学んだ力」重視の傾向に拍車をかけるでしょう。

「学ぶ力」の重視は、いわゆる「伸びしろ」を確保しようとする努力に近いものがあります。産業界にとっては「育てがいのある」人材のイメージに近くなりますが、もちろん即戦力としての期待には沿いません。

教育は社会の期待を背負うものであるため、社会が教育に過大な期待をしたり、矛盾した複数の期待をすることは、結局は教育現場を混乱させてしまうことにもなります。学校に多くを望めば望むほど、期待通りにいかないという現実が生まれてきます。また成果を求めるのは当然といえますが、成果のうちで数値などとして見える形にできるものは極めて限られます。これは教育の特徴ともいえるでしょう。そこを考慮せずに成果を求めることは、やはり教育現場を混乱させますし、目に見えやすい（測定しやすい）成果だけを出すことを狙った教育が行われるという危険性を生み出すことにもつながりかねません。

「学ぶ力」は、重要と考えられているけれども軽視されるという奇妙な状況が起きている原因のひとつは、こういった学校に対する社会の認識や期待にあると考えられます。そのような社会の期待に、無理をしてでも、何とかして応えようとする学校が奇妙な状況を呈するのは当然といえるかもしれません。

▶ 3 「学ぶ力」

話が少し脱線してしまいましたので、もとへ戻します。キャリア教育において、学ぶということを学校卒業後も続けられる力の育成が重要だと考えられます。それは職業に関する面だけでなく、生活のさまざまな側面においても同様の重要性を持つものでしょう。

学ぶということは、日常生活のどこにでも、そのきっかけは存在しているといえます。協力者会議報告書では、キャリア教育は学校のすべての教育活動を通して進められなければならないと指摘し、図6-aのように示しています。

キャリア教育の要素は、学校のどのような活動にもあるということを示していると思われますが、この図では、キャリア教育でない学習

a

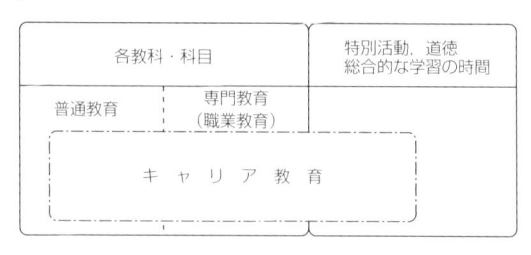

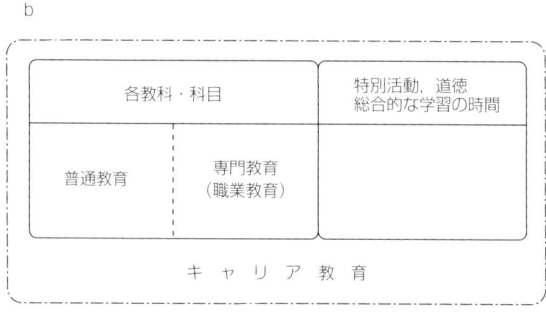

```
┌─────────────────────────────┬──────────────────┐
│      各教科・科目            │ 特別活動, 道徳    │
│                             │ 総合的な学習の時間 │
├─────────┬───────────────────┤                  │
│ 普通教育 │ 専門教育          │                  │
│         │ (職業教育)         │                  │
└─────────┴───────────────────┴──────────────────┘
     ┌ ─ ─ ─ ─ ─ ─ ─ ─ ─ ─ ─ ─ ─ ─ ─ ┐
     │     キ ャ リ ア 教 育          │
     └ ─ ─ ─ ─ ─ ─ ─ ─ ─ ─ ─ ─ ─ ─ ─ ┘
```

b

```
┌─────────────────────────────┬──────────────────┐
│      各教科・科目            │ 特別活動, 道徳    │
│                             │ 総合的な学習の時間 │
├─────────┬───────────────────┤                  │
│ 普通教育 │ 専門教育          │                  │
│         │ (職業教育)         │                  │
└─────────┴───────────────────┴──────────────────┘
┌ ─ ─ ─ ─ ─ ─ ─ ─ ─ ─ ─ ─ ─ ─ ─ ─ ─ ─ ─ ─ ─ ─ ┐
       キ ャ リ ア 教 育
└ ─ ─ ─ ─ ─ ─ ─ ─ ─ ─ ─ ─ ─ ─ ─ ─ ─ ─ ─ ─ ─ ─ ┘
```

図6　各教科等とキャリア教育

部分が存在していることも暗示してしまいます。この点は誤解を生じさせる可能性もあるので, 図6-bのように変更してはどうかと思います。図6-bであれば, 本書のスタンスである, キャリア教育は教育そのものであるということをうまく表現できると考えます。

　また, 協力者会議報告書の指摘よりは, さらに内容を拡大してはどうかとも思います。報告書においては,「各教科・科目との関係から見たキャリア教育」として, 普通教育に関して次のように記されています。

　　普通教育においては, 当該各教科の学習を通して, 自己の生き方を探求したり, 将来就きたい職業や仕事への関心・意欲を高めたりすること, また, 社会や産業の変化, 労働者の権利や義務についての理解を深める取組を通して, 目指すべき

職業や上級学校の学部・学科を選択する力を身に付けることなどが考えられる。

　これは一つの示唆としてはよくわかりますが，多くの人（特に教員）は悩んでしまうのではないでしょうか。「自己の生き方を探求」する，「将来就きたい職業や仕事への関心・意欲を高め」る，「社会や産業の変化，労働者の権利や義務についての理解を深める」といったことと，教科内容との関連を掴みきれない場合も多いと思われます。さらに，このような内容はキャリアと最も密接に関連する点ですが，これを例示することによって，それ以外のものがキャリア教育とは関係のない内容であるとの誤解を招きかねません。

　進路を選ぶということと教科の対応においては，各教科において協力者会議報告書で指摘されているような点を踏まえておくことが重要です。しかし，その後のキャリアを考慮すれば，教科で何を学ぶかということとともに，いかに学び続けられるかという点が重要になってくることはすでに述べた通りです。学び続ける力，すなわち学ぶ力を涵養するという点では，すべての教科におけるすべての活動があてはまることになります。部活動などの課外活動も知識や技術を身につけるという学びの場面ですので，キャリア教育に含まれることになります。学ぶ力，学び方という点にキャリア教育の立場から焦点をあてることは，学校におけるさまざまな活動を社会や生きるということと関連付けやすくすると考えられます。

　おそらくここで重要になる点は，学ぼうという気持ちになるかどうかという動機づけの点と，どう学べばよいのかという方法的な点にあるといえるでしょう。教育心理学の分野において動機づけの研究は多くなされていますが，学ぼうとする動機づけ自体を高めることは非常に難しいともいえます。それに比べて，学ぶ方法を伝えることは，よりやさしいのではないかと思います。学ぶ方法は多種多様にあります。その中から自分に合ったものを見つけたり，自分に合うオリジナルな方法を作ったりすることができます。もし自分に合った方法に出会うことができれば，それは「学ぶ力」を飛躍的に高めてくれるでしょう。

そのため，学ぶ方法論に注目することは，キャリア教育の観点から重要であると考えられます。

しかし，学ぶ方法への注目というような提案は一笑に付される可能性が高いとも想像します。なぜなら，目に見える成果（学んだ力）を重要視することが一般的になっているからです。理念的には納得してもらえるでしょうが，方法を学べば成果が出ることを具体的に示せと迫られるのがオチでしょう。「学んだ力」から「学ぶ力」への転換は，それほど簡単なことではないといえます。その理念を教員や学校というレベルだけでなく，社会全体で共有し，評価の内容なども含めて考え方を転換していかなければ根付かないと考えられます。

3節 「観」をつくる

▶1 「観」と「感」

ここでは，職業観やしごと観（勤労観）にある「観」というものについて考えていきたいと思います。前章では，社会や個人，職業といった言葉について知ることを社会性の発達に必要なものとして述べました。これと同様に職業観やしごと観も社会性に含まれるとも考えられるのですが，これらは個人の中に育つものであり，その個人のユニークさを表すものでもあるので，個性化という観点からみていきたいと思います。またこれは，学ぶということと密接に関連したものでもあるのです。

職業観やしごと観に付いている「観」は，一般的にものの見方や考え方を意味します。見方や考え方は，その個人の主観的なものに依存することになるため，極端に偏った見方，考え方も含め，個性が反映されたユニークなものが生じます。もちろん，「正しい」見方，考え方というものがあるとは考えにくいのですが，ユニークでありながらも適応的なものであることが望まれるといえるでしょう。

この「観」という字ですが，音が同じであるためか，よく間違って用いられる字に「感」があります。「観」はものの見方や考え方を，「感」は心の動きを主に意味するので，たとえば「価値感」などと誤記してしまうと，価値観とは異なった意味を表現しかねないものになります。

　ところが，このような意味の違いを積極的に取り入れたケースもあります。1970年代半ばに津留ら（1975）が行った青年の価値観についての研究結果において，青年の価値観は未分化で混とんとした「価値感」のレベルにあるのではないかと述べられています。また「フィーリング時代」，という時代背景に対する形容も用いられています。ここは誤記ではなくて，あえて「価値感」という表記が用いられています。このような指摘から，価値観は感性にたよったもの，感覚的なものではなく，分化し整然と整理されているもののことを指す言葉といえます。

　津留らによる表記に認められるように価値観にもレベルがあるという考え方は，職業観などを考える場合に示唆を与えてくれるといえるでしょう。職業観についても，「職業感」といったレベルでの理解，フィーリングでの理解というレベルもあるに違いありません。このようなことは，研究の領域においては検討されてきた問題ですが，教育現場においては，職業に対する考え方が感性にたよったもの，感覚的なもののレベルなのか，分化し整然と整理されたレベルなのかといった点には，あまり留意がはらわれていないようにも思えます。

　センター報告書も指摘していますが，職業観などは選択にあたっての基準としての機能が期待されるものです。時に，職業観が形成されること自体が重要と勘違いされることもありますが，そうではなく，より適切な選択のために重要なものです。職業観の形成は，いわば職業を把握する際に用いる自分なりのモノサシを形成していることなのです。

　モノサシがいい加減なものであれば，それを使って何かの長さを測

ることは困難になります。いくつかの長さのものの中から、希望する長さのものを選び出すというようなことは、いい加減なモノサシを使っていてはできません。そのため、モノサシ的な役割を果たす職業観には、感覚的なものではなく、分化し整然と整理されたものが求められます。すなわち、「感」ではなく「観」のレベルであることが必要なのです。

　たとえば、ある場所で職場体験をして、そこで働く人から大きな感動を得たとします。感動は心が動いたということですので、「感」のレベルで職業を感じとったということになります。そのため、もし「職場体験で感動したので、私もその職業に就きたい」という希望が出てきたとすれば、それは「職業感」が職業の選択基準として作用していることになります。

　もし、その他の職業には目もくれず、生涯に渡ってそれだけに打ち込むことができ、またそれが社会的な意義を持ち、さらにそれで生活できるのであれば、「職業感」のレベルで選択しても問題はないでしょう。しかし、社会にはさまざまな職業があるため、その中から自分で選ぶということをしたい場合には、「観」のレベルが必要になります。そのレベルでなければ、いい加減な基準を使うことになり、適切な選択は困難になります。

▶ 2　「感」から「観」へ

　職場体験などの感想文を見ると、「職業感」のレベルでの理解が進んでいると考えられるものも多くみられます。そこで、このような「職業感」が、分化し整然と整理された「観」のレベルになる過程について考えてみたいと思います。

　これまでレベルという言葉を使ってきましたが、これは誤解を招く表現かもしれません。先に、「観」はものの見方や考え方を、「感」は心の動きを主に意味することを述べましたが、この2つはまったく異なったものです。そのため、「職業感」は次第に職業観になっていく

というようなものではないと考えられます。そこにはかなり大きな差があり，それゆえにキャリア教育における介入が不可欠だといえるでしょう。

　「感」は心の動きを表すので，「職業感」レベルの理解とは，職場体験をして，「おもしろかった」「すごかった」「感動した」「大変だった」「つまらなかった」などと感じたことそのままを職業と結びつけた理解といえるでしょう。同様なことは，メディア等を媒介にしても成立します。医療系のドラマを見て「すごい」と感じれば，医療系の仕事は「すごい」ものと理解されるはずです。どの程度現実に即した感情的反応かという点では，実際の体験とメディアを通しての観察では違いがあるでしょうが，自らの感情的反応と直結させて理解するという点では同様なものといえるでしょう。

　他方で「観」は，ものの見方を意味します。すなわち，対象をとらえる枠組み自体のことを指します。感情も枠のひとつですが，もちろん枠はそれだけではありません。たとえば職業の3要素である，経済的側面，個人的側面，社会的側面といったものも，この枠に相当すると考えてよいでしょう。さまざまな職業関係の調査で用いられている，職場の人間関係，所在地，福利厚生施設，休日数などの項目も，職業をとらえる枠といえます。この枠は無数にあり，さらに個人によって用いる枠が異なるユニークなものと考えられます。

　また職業観については，形成されるとか，成熟するという表現も用いられます。このような表現は，枠の数が増える，枠がブレないようになる，自分にとってのそれぞれの枠の軽重がつけられる，各枠において望ましい／望ましくないを判別する基準が設定できる，などといった意味を包括するものです。職業をとらえる枠組みがこのようなものになれば，多くの職業から自分に適したものを選択しやすくなることが理解できると思います。

　「感」と「観」は以上のような違いを持っています。「職業感」は，感情という枠のみで職業をとらえているという，特殊な職業観である

と表現してもよいでしょう。この「職業感」からスタートし成熟した職業観にいたるのは、そうたやすいことではないといえます。

　感情以外の枠が新しく作られなければ、いつまでも「職業感」で職業をとらえることになります。つまり、今自分が持っている枠以外の枠があることを知る必要があります。違う枠からみると、同じ職業でもまったく違ってみえてきます。こういうことを繰り返しながら、職業をとらえる枠というものを意識すること、それを増やしていくことが職業観の形成の基礎として重要なことといえます。

　ここにおいては、職場体験のみではなく、それを活用するための知識を獲得することが重要ですし、トレーニングをつんだ思考力も不可欠といえるでしょう。それらがあってこそ、体験が有用になってきます。すなわち、すでに述べた教養や学ぶ力といったものが深く関係していると考えられます。もちろんこの逆の関係性も考えられ、価値観を形成していくプロセスを通して教養や学ぶ力を養うこともできるでしょう。いずれにしても、これらのものがそろっていないままに「感」を「観」へと高めていくことは非常に難しいことになります。

　なお、「職業感」での理解は感情が動くため、それが強い動機となりやすいという傾向があります。感情と動機づけや行動が密接に関係していることはよく知られており、「職場体験で感動したので、私もその職業に就きたい」という希望が出てくるのも当然といえます。このような感情と動機の直接的なつながりは有用な場合もありますが、理性的な判断を失ったり、他の情報を軽視したりする傾向にもつながりかねません。どうすべきかは一律に決められないでしょうが、慎重な対応が求められるといえるでしょう。

▶ 3　判断の主体

　以上のように、職業観の形成は思考力や教養、学ぶ力といったものとも深く関係していると考えられます。現在頻繁に指摘されている職業観、勤労観（しごと観）を身につけることは、相当に高度な知的操

作であり，個人の知的な力を伸長することに有用だといえます。もちろん，それは社会性をはぐくむことでもあります。

ここでは，自らの職業観などを形成していくうえで考慮すべきと考えられる，ひとつの要素について触れてみます。

第2章で職業観という言葉について触れた際に，センター報告書にある表現には納得できず，検討すべき部分があることを指摘しました。それは「価値的な理解」という言葉で表現されている部分についてです。センター報告書では，価値観は「人それぞれの職業に対する価値的な理解であり…」と述べられていました。勤労観についての定義でも，同じように「価値的な理解」と記されています。価値的な理解とはどのようなことを意味するのかということについては，センター報告書の解説には同意できませんので，少し検討してみたいと思います。

心理学の研究の中に，価値や価値観についての研究がありますので，これを参考にします。心理学というひとつの領域の研究でありながら，価値や価値観のとらえ方にはかなりの差があります。井上ら（1994）の研究など，従来の主要な研究をまとめているものを参考にすると，ほとんどの場合で共有されている点として，価値や価値観は「望ましさ」についての概念であることがあげられます。しかし，「望ましさ」の判断基準は，個人の場合も，社会の場合もあります。すなわち，同じ個人が判断する場合でも，個人的に望ましいとする判断と，社会的に望ましいとする判断が存在するということです。また価値がどこに存在するかという議論もあります。価値は対象が持っているという考え方もありますし，対象自体は価値を持たず，判断する主体が対象に価値を与えるのだという考え方もあります。

ここでは一部の研究に簡単に触れただけですが，価値や価値観というものを突き詰めると，いかに複雑なものであるかということがわかると思います。そのため，「価値的な理解」といっても考え方は一つには定まりません。しかし，「価値的な理解」の内容を考える際に検討すべき点を浮かび上がらせることはできるでしょう。

職業観を例にとると，まず職業が価値を持っていると考えるか，人が職業に価値を与えると考えるかというスタンスを定める必要があります。もうひとつは，望ましいという判断の基準があげられます。個人の中には，「私が個人的に望ましいと考える」といった判断と，「私が社会的に望ましいと考える」という判断が併存しています。さらに，自分の外にある基準（「一般的に，社会的に望ましいと考えられている」）というものも考えられます。そのため，職業観はいずれの基準から判断されるべきなのかという検討課題が生じます。

　このような点について，センター報告書がどのような立場をとっているかをみてみます。この報告書では，職業や勤労が価値を持つとはみなしていないようです。価値は人が職業などに与えるものというスタンスが採用されています。

　判断基準については，複数の基準があることは認識されているようですが，そのどれを重視するかという点では，あまりはっきりとした立場を読みとることができません。これは，職業観や勤労観を，人それぞれの理解であるとしつつも，「望ましい職業観・勤労観」というものを設定している点にあらわれています。職業観や勤労観を個人の主観的判断にゆだねつつも，個人の外部にある望ましい基準というものをあてはめようとしているので，曖昧なスタンスをとっているといえるでしょう。

　センター報告書では，「望ましい職業観・勤労観」を，個人に共通する望ましさの「土台」と表現していますが，適切な表現とはいえないと思います。それは「土台」となるようなものではなく，社会的に望ましいと考えられているもの，それも個人の中にある認識ではなく，外部から持ち込もうとする「望ましさ」といえます。

　職業自体は価値を持つものではないという考え方をとると，個人の判断次第という自由さを全面的に認めざるを得ません。これはある意味で怖いことでもあります。センター報告書が，個人に共通する「望ましさ」の土台があると指摘している（外部から「望ましさ」を持ち

込もうとしている）のは，おそらくすべてを個人にゆだねることの怖さを感じているからだと思います。

　しかし，外部から「望ましさ」を持ち込もうという方法には問題があります。それは，その「望ましさ」が妥当なものかどうかについて，社会での合意をとることが困難な点にあるといえるでしょう。「社会的に望ましいと考えられていること」が，あるひとつに定まるとは考えにくいのです。そこにはある程度のブレが含まれます。ブレがあるものを条件とすることは難しいといわざるを得ません。実際，センター報告書に記された例も，非常にあいまいな内容になってしまっているように思えます。

　職業観などを全面的に個人の判断に任せてしまうことに怖さがつきまとうのは確かでしょう。しかし，だからといってセンター報告書のような考え方が適当なのかどうかには疑問が残ります。道徳教育とも似た点がありますが，個人の判断力を育成することを目指すならば，やはり全面的に個人の判断に任せてしまい，適応ということと合わせて考えさせるという方向性が適当ではないかと考えます。

　このように考えるならば，個人の判断の自由を認めてしまい，自分の中にある「個人的に望ましいとする判断」と「社会的に望ましいとする判断」，さらに自分以外の人の判断などを比較対照しながら，適応的な自身の「観」を検討することが不可欠でしょう。そしてこのことは，やはり知的操作を必要とします。

　現在のところ，残念ながら職業観などを身につけることの難しさと，それを考えることの意義にはあまり焦点が当てられていないようです。職場体験などはとてもよいきっかけになると考えられますが，多くの場合は「感」で思考が止まっているのではないでしょうか。もう一歩進むことが，個人の発達と主体性をうながし，ひいては社会性をはぐくむことにつながると考えられます。

4節 「諦」を身につける

▶ 1 「諦」の意味

　個別性をはぐくむという観点からの最後に,「諦」というものを身につけることを提案したいと思います。「諦」は,「てい」とか「たい」と読みます。また,あきらめる（諦める）の諦です。意味としては,「明らかにする」とか,「締めくくる」,そして「あきらめる」というものです。自らのキャリアを考える時,このような「諦」という文字の示す意味はとても重要な役割をはたすと考えられます。

　すでに何度も述べましたが,「社会」とか「個人」,「職業」などという言葉は,わかったつもりになりやすい言葉といえます。そして,はっきりとはわかっていないのに,わかったつもりになっていることが,キャリアを考える上で障害になります。つまり,キャリアを考える上では,考える材料についてしっかりと認識しておくことが不可欠なのです。考える材料を明らかにしなければならない,考える筋道を明らかにしなければならないという意味で,「諦」という言葉を意識しておくことが重要でしょう。

　このように「明らかにする」という意味は重要なのですが,それ以上に「諦」が示す「あきらめる」という意味はキャリア教育において鍵となる重要な概念と考えます。なぜなら,それは人生のあらゆる側面で,間違いなく生じるものだからです。「あきらめる」こととうまく付き合うことは,人生の選択や適応に不可欠なものと考えられます。

　本書では職業観を,職業の経済的側面,個人的側面,社会的側面の3つの要素に対する考え方,そのバランスについての考え方と考えてきました。では,ある個人が作りあげた職業観にピッタリと一致する職業は実際に存在するのでしょうか。この問いに回答することは難しいのですが,寸分違わず一致するような職業はない場合が多いでしょ

う。職業選択に用いられてきた意思決定理論もそうですが，希望を100％実現するような職業はほとんどの場合でありません。そのため，自分の理想からいくらかの部分は妥協し，あきらめなければ現実の職業を選択できなくなってしまいます。

またこれまでに触れたように，本書でいうような職業観を身につけた場合，会社という組織で働くことは，職業に就いていながらもそれを職業と感じられないような状況に陥りかねません。これは，会社という組織の性質を考えれば，根本的な解決は不可能と言わざるを得ません。前章で触れたような認知的な力を活用しながら，なんとかそのつながりを確認しようとする姿勢が必要です。会社という組織に身を置きながら，自らの職業観をそのまま体現することは不可能といえるので，ここでもあきらめることが不可欠になります。

さらにこのような理想をあきらめる必要が生じる状況は，職業に限らず，人生のさまざまな場面に起こり得ます。前章でスーパーのモデルを紹介しましたが，人生における主たる役割が6つもあれば，その間での葛藤があることは容易に想像できます。理想と現実の乖離，矛盾といったものは人生のいたるところに存在しており，そういった中，どうやって折り合いをつけながら生きていくかということがキャリアを考えた時に大きな課題となります。そのため，現実の社会で生活していくうえでは，頻繁にあきらめる必要が生じるといえます。

このような状況に，人は対応しなければなりません。状況にはたらきかけ，変化させるという対応もありますが，現実迎合的に考え，行動しなければならない場合も多くあります。そのような場合には，やはり「諦」というキーワードが重要になってくると思います。状況をしっかり把握するということが重要ですし，それが変更できないものであれば，あきらめをもって適応していくことは不可欠と考えられます。

▶ 2　社会への参入とあきらめ

　先にまとめたように，「諦」という文字の意味するところは，キャリア教育にとって重要な鍵になると考えられます。キャリア教育が社会に生きる個人を育てるものであれば，以下に紹介するような若者に対する近年の指摘を踏まえると，まずは社会への参入時の「あきらめ」を説くことから始めるべきなのかもしれません。

　たとえば，お金が必要になってアルバイトをはじめたとしても，働く前にアルバイト代がもらえるわけではありません。アルバイト代は，働いたことに対応して手に入れられるものです。つまり，働くということを提供することが時間的に先にあります。自分の目的とするお金を手に入れるということは，その後になるのです。働くのが面倒であるとか，その時間がもったいないという意識が強ければ，お金を手に入れることはできません。まずは，働くのが面倒であるとか，その時間がもったいないという，アルバイトをしない理由に固執することをあきらめ，そして自分をその場に提供しなければ先には進めないということです。

　アルバイトも個人の社会参加のひとつの形態ですが，個人と社会の関係においては，ほとんどの場合でこのような順序が成立していると考えられます。引っ越した先で友人を見つけようとする時，サークルや同好会を立ち上げようとする時，就職する時，起業する時など，いずれも自分からの提供が先行します。このような順序があることは，もちろん学校での学習内容には含まれていませんが，多くの場合はさまざまな経験を通して自然と身につけていく智恵といえるでしょう。

　しかし，最近ではこの順序が忘れられているようでもあります。たとえば内田（2007）は諏訪（2005）のいう「等価交換」などの言葉を鍵に，若者の学びや働くことからの逃走を論じていますが，その中で次のように述べています。

　　　今の子どもたちと，今から三十年ぐらい前の子どもたちの間のいちばん大きな

> 違いは何かというと，それは社会関係に入っていくときに，労働から入ったか，消費から入ったかの違いだと思います。

　労働から入るということは，先にも例としてあげましたが，労働を通して自分を提供することから社会関係に入っていったということです。消費から入るということは，自分を提供することなく，お金というものを通じて社会関係の中に組み込まれてしまう，そこに入れてしまうということといえるでしょう。この差は，自分と社会の関係の把握に大きく影響すると考えられます。

　社会の中に自分の場所を確保し，それに対して社会からの承認を得るには，そこに自分を提供することと，承認されるまでの時間が必要です。職業はもちろん，その他の社会的役割においても，これは必要不可欠な過程といえるでしょう。また，個人が労働から入った経験をもつか，消費から入ったかを問わず，社会の側の対応は変わりません。基本的には，個人が何とかしてそこを通り抜けなければならないのです。

　社会に入っていくために，個人は最初に大きな持ち出しが必要なことを覚悟しなければなりません。持ち出しをすることを拒めば，社会へ参入し，そこで生きていくのは困難になります。つまり，ここはあきらめられなければならないことになります。

　このあきらめは，社会に消費から入った多くの若者にとっては，まったくの発想の転換が伴う大変な作業といえるでしょう。このような，これまでにはなかった若者の出現に大人が驚くということは，社会に労働から入らなければならない立場に立たされた若者も，同程度の驚きととまどいを感じることになると考えられます。さらにこの状態は，若者にとって自分の位置を大きく下方修正することになります。消費主体として，社会と対等もしくはそれ以上の位置にあった自分が，いきなり社会のご機嫌をうかがう立場になるわけですから，その驚きは大変なものでしょう。しかし，これを乗り越えないと社会への参入は困難になります。

斎藤（2005）は，「あきらめ力」という言葉を用いて，人生のさまざまな場面であきらめるということが重要であることを指摘しています（前章で「職場での仕事に希望を持ってはいけない。『あきらめ半分』くらいの方が，うまくいく」という発言の例をあげましたが，斎藤（2005）の本からのアレンジです）。この書「あきらめ力」には，サブタイトルとして「『あきらめた』とき，新しい人生が開ける」とあります。まさにその通りだといえるでしょう。社会に生きる個人を育てようとするキャリア教育は，こういったメッセージを含むことが必要なのではないでしょうか。内田（2007）は，学校においても子どもが消費主体となっていると指摘していますので，この点の修正からはじめなければ社会への参入を促進するキャリア教育とはなり難いと考えられます。

　なお，このようなあきらめには，「諦」の明らかにするという意味に対する意識も不可欠だといえます。なぜなら，自分の位置を確保しようとする個人の持ち出しを狙っている者も社会には存在するからです。しかし，だからといって持ち出しを拒めば居場所は得られません。そのため，状況をはっきりとつかみ，そのうえでしっかりと適応的なあきらめをつけるということが必要といえます。

▶ 3　あきらめと幸せ

　興味深いことなのですが，キャリア教育や進路指導の定義をみても，またそれに関する報告書や書籍をみても，「幸せ」という言葉に出会うことはほとんどありません。少なくとも定義上は，キャリア教育は個人が幸せになることを目指して行われているものではないのです。

　これは，キャリア教育が社会性に注目しているからとも考えられます。幸せは個人的なこと，主観的なこと，個別性に関わることなので，特には触れられないとも考えられます。しかし，古代の時代から，人の人生において「幸せ」は重要なキーワードであり続けています。これほど重要なテーマをキャリア教育があつかわないということは，少

なくとも私には奇異なことと感じられます。

　幸せについては，これまでにも盛んに議論されてきました。著名なアラン（Alain, 1928）やラッセル（Russell, 1930）の「幸福論」はそのひとつだといえるでしょうし，もっと古くは哲学者たちの仕事，宗教が教えるものもそうといえるでしょう。

　少し話がそれますが，心理学において「幸せ」や「幸福」という概念が注目され始めたのは，20世紀も後半になってからです。心というものをあつかっている学問なのに，なぜそのように最近になるまで注目されなかったのかと疑問に思う方もおられるでしょう。心理学はわずか1世紀と少しの歴史しか持たないことも原因にありますが，それよりも研究者の目が「問題」とか「課題」に向けられていたという傾向が影響していると指摘されています。困っている部分はないか，修正すべき点はないか，改善すべき点はないかといった見方で人の心を探究してきたため，「幸せ」というような概念は注目を集めなかったのです。

　このような傾向がキャリア教育にもあるような気がします。第1章で近年の動向を概観しましたが，社会的な「問題」とか「課題」からキャリア教育が注目されているのは確かです。問題解決という思考パターンも，現在では重要な考え方として広く紹介されています。しかし，そういった「問題」や「課題」が解決されれば，社会は良くなり，人々は幸せになれるのでしょうか。また，「問題」や「課題」が解決されなければ，社会はよくならず，人々は幸せになれないのでしょうか。

　このような問いの答えが歴史的に証明されるまで，現在のスタンスを保持するというのも一案だとは思いますが，心理学がとったように，問題解決と同時に「幸せ」自体を追求する歩みをはじめることも必要だと考えます。

　ネトル（Nettle, 2005）は近年の研究成果を踏まえたうえで，もっとも幸せに近づきやすい方法として，目先を変えるということを提言しています。古くから，幸せを追求しようとすればするほどそれから遠

ざかり，何か別なことをすれば幸せは近寄ってくるという「幸せのパラドックス」があることが知られています。自分の幸せばかりに意識を集中させると，その欠如に注意が向いてしまうのです。このような内容については，すでに本書でも触れました。前章で紹介したコント＝スポンヴィル（Comte-Sponville, 2000）のいう，絶望の状態が幸せであるという論と類似しています。

そこでネトルは，自分を超越したより大きなものとつながろうとすること，信仰，多様な自己イメージを持つこと，社会との接点が多いこと，瞑想をすること，日記を記すことなどを取りあげ，これらが目先を変えることと関連してくると述べています。これらは，ひとつのことにこだわらない，とらわれない，主観的にならないといったことを援助するでしょう。幸せに近づくために目先を変えることは，欲望や欠乏感を捨てることとつながっています。そして，ネトルは「あきらめる」ことが重要だと指摘しています。

このように，幸せへの対処は極めて認知的なもの，知的な作業を伴うものといえます。そして，ネトルによって紹介された目先を変えることに関連する話題は，本書ですでに触れたいくつかの内容と類似していることに気づかれるでしょう。自分を超越したより大きなものとつながろうとする傾向は，齋藤（2008）や新渡戸（1911/2002）の指摘と重なります。社会との接点は，職業のみならず，市民としての活動を通して広がっていくでしょう。また多様な役割を果たすことで，多様な自己イメージの形成につながります。教養は，ひとつのことにとらわれない，主観的にならない素養を形成するでしょう。すなわち，これまでに触れたキャリア教育に求められるものは，幸せに近づくためにも重要なものと重なるのです。

もちろん，このようにすれば絶対に幸せになれるというものではありません。その方が，不幸を感じにくくなり，幸せを感じやすくなるという示唆です。魔法の万能薬ではありません。

さて，幸せになることは重要だとはいっても，「あきらめ」とか「あ

きらめる」という言葉は,あまりよいイメージではとらえられないでしょう。その背景には,前章で触れたあきらめないことの社会的価値が影響していると考えられます。しかし,コント＝スポンヴィルやネトルが指摘するように,個人が幸せになろうとすると,あきらめることはとても重要な要素となります。

　あきらめることの意味や意義は,どのような立場から考えるかによって矛盾が生じてきます。しかし,人は個人として生きており,かつ社会の中で多様な役割を果たしながら生きているということを踏まえれば,矛盾があって当然なのかもしれません。すると,幸せや,あきらめということをキャリア教育で取りあげる場合に,「あきらめること」と「あきらめないこと」のいずれかを望ましいこととして伝えることは適切ではありません。そこにある本質は,人は個人としての存在でもあれば,社会の構成員でもあるということであり,それゆえ視点を変えるだけで,あることが望ましいことにも,望ましくないことにもなってくるということでしょう。ここを明らかにし,自分の納得できる程度であきらめるという,まさに「諦」を身につける方向での支援が,「幸せ」を感じられる個人を育てるために必要といえるでしょう。

おわりに

　第3章，第4章と，本書の中心になる「セカンド・オピニオン」を述べてきました。「はじめに」にも記しましたが，「今のキャリア教育の内容が良いのか？」という自分自身が感じた疑念に対して，「こういう内容を含めばキャリア教育として納得できるようになる」というようなものを「セカンド・オピニオン」として提示してみました。新しい視点からの提案もかなり盛り込みましたので，唐突に感じる部分も多々あったのではないでしょうか。唐突さはあっても，そのような意見を提示した理由の部分は納得していただけるようであれば著者として幸いです。

　ところで，本書は今後のキャリア教育の方向性について提示することを主としたので，具体的な指導内容のようなものにはほとんど触れていません。もしかすると，この点を残念に思われる読者がいらっしゃるかもしれません。しかし，意図的にこのような執筆方針を採用しています。

　その理由は，本書を読みながら，キャリア教育を今一度しっかりと考えてほしいという願望があったからです。具体的な指導内容があると，それを参考にキャリア教育を実践しようとする人々も現れやすいでしょう。これは望ましいこととも言えますが，このような場合，「何がキャリア教育なのか」を考えるという非常に重要なことを考えなくても，キャリア教育のようなものができてしまうという問題が生じます。いわゆるハゥ・トゥものの弊害です。大事なことは，キャリア教育をやっていますという対外的アピールではなく，何がキャリア教育なのかということを一人ひとりがしっかりと考えることだと思っています。その答えを持てないままに，借り物の考え方をベースとし

てキャリア教育を実践しても、子どもや若者の中には何も残らないのではないかと思います。そのため本書では、なぜそういった方向性が必要なのかという点を述べることに集中しました。

そのため、具体化は読者賢者にお任せするしかありませんが、やはりいくつか注意していただきたい点があります。まずは、何がキャリア教育なのかということをしっかりと考えることです。現在のキャリア教育は、第1章でも概観したように職業の問題への傾斜が強過ぎると感じます。次世代を担い自らの人生を作り出していく個人を育てる、後のよりよい社会を作るという観点から、どのようなものがキャリア教育に必要なのかということを考え、納得できる方針を探していただきたいと思います。もちろん、正解があるというものではなく、実践しながら継続的に考え続けなければならない問題でもあります。本書や、第1章でとりあげたような報告書などは、それを考える際の資料というべきものであり、いずれかを鵜呑みにして従うべきものではないでしょう。

そして方針がある程度定まったならば、それにしたがって、今やっていることにキャリア教育的要素を付加することを考えてみるとよいと思います。まったく新しくキャリア教育を始めるのではなく、日常的にやっていることの中にキャリア的要素を見つけたり、付加したりしながら、その意味や意義を伝えていくというやり方が望ましいと考えています。なぜなら、すべての教育はキャリア教育であると考えるためであり、またその方が学習内容とその個人的、社会的意味・意義を学習者が理解しやすいと推測できるからです。こうすると、日常的にやっていることではカバーできない内容があることが明らかになったりもするでしょう。まったく新規の企画は、そこではじめて考えるとよいと思います。その方が、企画の目的を明確にしやすいでしょう。

第2章で、渡辺（2007）がキャリア教育というものを用いて教育改革を考えているということに触れましたが、私はこの考え方に同意します。キャリア教育に関心を持つ一人ひとりが、何がキャリア教育な

のかを考え，それに基づいて教育内容を再整理することが，この社会の将来に，またそこに生きる個人の将来にとって重要な改革につながるのではないかと考えています。それに多くの人が参加し，議論を交わすことが，これからのキャリア教育の成否を握っているといえるでしょう。

さて，第2章でも触れましたが「キャリア」は一生涯にわたって続いていくものです。本書では主に学校段階をイメージしてまとめたことによって，ここまでは書ききれなかった感のある内容があります。「おわりに」として記すには長過ぎるかもしれませんが，書ききれなかった部分に少し触れることで本書を締めくくりたいと思います。

▶ 1　人は育てられて育つ

「人は育てられて育つ」と表現すると，誰もがあたり前だと思うのではないでしょうか。しかし特にキャリアに関して，このあたり前があたり前に機能しているといえるでしょうか。

これについては，あたり前に機能していないと考えます。その一つの証左は，キャリア教育が注目されているということ自体にあるといえるでしょう。ある機関・組織がキャリア教育を実施しなければならないということは，他の場所では教えられない，もしくは効率的に教えることができないためといえます。職場がコスト削減や効率化を追求し，結果として「人を育てる」ということを放棄したことは頻繁に指摘されるところですが，これを代表的な一例として，キャリアに関して「人を育てる」という社会の役割が多様な場面で放棄されつつあるために，キャリア教育が求められるようになったと考えられます。

キャリアに関して「人を育てる」という役割を放棄したのは社会です。このように記すと，社会に問題があるというふうに感じられるかもしれません。そして，社会というと私事ではなく，他人事のように感じられるかもしれません。しかし何度も述べてきたように，社会とは個人の集まり，つながりの様相のことです。すなわち，この社会を

構成するすべての個人が，他者を育てるという意識を失った，その役割を放棄したといえるのです。

　もちろん，このような表現は極論ですが，こういった傾向が至るところにみられることは明らかでしょう。たとえば「やりたいこと」という表現は，良い意味でも悪い意味でも，現在キャリアを語る時に不可欠なものとなっています。良い意味としては，職業選択や生き方の自由を保障するという面や，関心や意欲が見いだせる社会的役割へと個人を導くというような面をあげることができるでしょう。もちろんそれは，社会の活性化にもつながり得ると考えられます。

　ところが，「やりたいこと」をするべきという雰囲気が生み出している混乱にも注目しておく必要があるでしょう。一部のフリーターにみられる「やりたいこと指向」や，「やりたいことを」を見つけるための過剰な「自分探し」が，かえって社会の中における自分の位置を見いだすことを困難にしているという指摘も増えています（たとえば，若松ら，2005；児美川，2006など）。

　全国高等学校PTA連合会とリクルートによる調査（2006）では，進路について親子で話す時，保護者は「自分の好きなことをしなさい」，「やりたいことをやりなさい」，「自分でよく考えなさい」などという言葉をよく使うことが明らかにされています。同報告書からは，このような言葉を肯定的に受け取っている子どもの様相を把握できますが，「やりたいことが何もないので内心焦る」，「無責任な親，と思う」などといった感想があることもわかります。もちろん保護者が無責任に発言しているかどうかはわかりませんが，このような言葉は，子どもの中に「すべてを自分で引き受けなければならない」という意識を生みだすこともあるといえるでしょう。

　このような意識を子どもが持つことは，キャリア教育の観点から望ましいことではあります。しかし，子どもが混乱したり，過剰な自己責任意識を持ったり，見放されたと感じないようにするためのサポートも不可欠です。そのため，「では，どうすればよいのか」という示唆

や情報が欠落していることを大きな問題点として指摘できます。自分自身でさえ掴みきれない「好きなこと」、「やりたいこと」を指針に、どう考えればよいのかわからないままに「自分で考える」ことを求められたならば、混乱して当然ともいえるでしょう。また「やりたいこと」を過度に重視することは、3要素を含んだ職業の定義から考えると、不十分な情報から偏った職業観を形成することにもつながりかねません。はたして、先の調査にあったような「自分の好きなことをしなさい」、「やりたいことをやりなさい」、「自分でよく考えなさい」といった保護者の言葉は、子どもたちを「育てる」ことに役立っているといえるのでしょうか。

おそらくそのような言葉を、子どもたちを「育てる」という意識を持たずに使っている保護者は少ないと考えられます。多くの場合は、それが「育てる」ことになっていると信じて用いているのではないでしょうか。保護者がそう信じられるのは、「やりたいこと」をするべきという社会の風潮が背景にあるためと考えられます。このような風潮自体は悪くはないでしょう。しかし、子ども自身がそれを自らと社会のために活用できるだけの情報をあわせて提供しなければ、その状況を活用することはできません。情報の不十分さは、「育てる」はずが「育てる」ことになっていない状況に、それどころか「混乱させる」ことにもつながっていると考えられます。

下村（2009）は、「子どもの職業意識が曖昧で希薄であるとすれば、それは大人の社会観が曖昧で稀薄だからです」と述べています。そして、キャリア教育は、一見子どもが主役のようでありながら、実は大人の問題であると厳しく指摘します。キャリア教育においては、大人が現在の社会をどのように把握し、また「人を育てる」ということをどのように考えているのかということが表面化しやすいといえます。今の社会に生きる大人一人ひとりに、現在の社会と将来の社会をしっかりと見つめ、次世代を担う（次世代を任せられる）人を育てるという意識をもって他者に積極的に関わることが求められているといえま

す。

> 2 若者観の見直し

　次世代を担う人を育てるという気概で子どもに向かう時，その視線や姿勢に影響を与えるものとして，子どもに対する見方，いわば若者観といったものの存在を無視することはできないでしょう。現在，働くことに関する問題の原因として，個人の職業観や勤労観（しごと観）が着目されるのと同じ理由で，大人の持つ若者観は，子どもに向かう視線や姿勢に影響すると考えられます。

　本田（2008）は，新入社員を含む若者について興味深いことを記しています。本田は，山口（1980）の「世の中には一宿一飯の恩義というものがある。三年間だけは黙って働け！　やり直しが利くという若さの権利を行使するのは，義理を返してからにしてもらいたい」という文を引用します。そして，しかし「問題なのは，『一宿一飯の恩義』『義理を返す』といった言葉が，ドックイヤーを疾走する若きデジタル世代には完全に死語となっていることだ。化石，ではない。もともと彼ら彼女たちの辞書にはない言葉なのである」と述べます。

　非常に興味深い分析なのですが，引用されている山口（1980）のいう内容にも，また本田（2008）の若者分析についても，私は違和感をおぼえます。

　「一宿一飯の恩義」は，自分が何も提供していないにもかかわらず，また見返りも求めず，一夜の宿と食事を提供してくれたことに対する感謝の気持ちでしょう。これを新入社員に求めることは，まったくおかしな話だと思います。就職は多くの場合で，その人が努力して就職競争の中で勝ち取ったものです。何もしないのに，与えてもらったというものではありません。また，会社に入ってからもらう賃金は，その労働とのバランスがどうなのかという点はおいておきますが，何も提供せずにもらっているわけではありません（もちろん，新入社員にはこれはあてはまらないでしょうが）。こういった状況において，恩

義だの義理を返せだのという主張は、恩の押し売りとしかいいようがないと思います。もしくは、会社の理屈を代弁しただけではないでしょうか。

さらに、本田（2008）の分析とは違い、私は若者には「一宿一飯の恩義」や「義理を返す」という感覚は強くあると思っています。そういった言葉自体を知らない可能性はありますが、情緒的な面でのギブ・アンド・テイクの意識は、非常に強いと感じます。ただし、従来からあったような社交辞令的な部分については、それを持つ割合は少なくなっているようにも思います。

すなわち、会社に対して「一宿一飯の恩義」や「義理を返す」ということを若者がしないのは、「与えてもらった」という感じを持てないためと考えます。会社側からみて、採用したとか、これまで給与を与えたということは、若者の目には「自分が提供したもの」に対する「見返り」と映り、何もしないのに「与えてもらった」ものとか、ましてやそれが過剰であるとは認識されないと思います。

学生や働き始めた卒業生などと話をしていると（もちろん多くの大人もそうなのですが）、「与えてもらった」ものの過剰を意識するのは、有形のものよりも、無形のものであることが多い感じがします。寝床や食事などではなく、言葉や態度などです。それによって情緒的な面が動き、尊敬とか信頼というような気持ちが芽生える。このような気持ちが芽生えると、「与えてもらった」言葉や態度に対する「返礼」となる行動が生まれる。このような、人として当たり前の感覚はきちんと持っていると思います。一般的に思われているよりも、現実の青年はウエットな部分を持っていると感じます。もし職場が人を育てることをしなくなったのであれば、恩義や義理というものを求められるはずはありません。

またそこに権威や肩書きなどは、たいして影響を持たないようです。学校において「教師」という肩書きが以前のように力を持たないのですから、職場においても同様でしょう。それよりも足元を見てきます。

おわりに 143

人としての中身があるかどうかに目がいくようです。そのため，どんなに立派な肩書きを持っていても，肩書きに頼るような言動をすれば軽んじられます。「仕事ができる人」を，「仕事はできる人」というように限定付きで見ているようです。こういうところは，とてもシビアだと感じます。

私の目に映る若者像をまとめると，このような傾向を感じられるのですが，このようなパターン化に素直に納得していただきたくないという気持ちもあります。やはり個人差は大きく，パターン化して把握するのではなく個々人の特徴を把握せざるを得ないのが現実だと思います。第3章でも触れたように，「観」はものをとらえる枠組みのことです。すなわち，ここで用いた若者観は若者をとらえる枠組みのことであり，若者をパターン化することではありません。

次世代を担う人を育てる姿勢には，自分の若者観が影響を与えます。自身の若者観についてしっかりと把握し，常に検討しておくことは，キャリア教育にかかわるすべての者に求められることといえるでしょう。

▶3　職場が職業人の集まりであるために

第1章で概観したように，現在のキャリア教育の流れは，産業界・経済界の問題意識にその源流があるといってよいでしょう。それが社会全体で問題視されているために，キャリア教育に大きな期待が寄せられていると考えられます。

もちろんのことですが，このような問題は教育のみで解決できるものではありません。先にも述べたように，個人がそれぞれの立場から，社会全体を視野に入れた上で何をしなければならないかを考え，行動に移していかなければならない問題です。もちろん，会社という組織や雇用者も同じです。

本書では，職業について尾高（1941）の定義を採用しました。再掲になりますが，それは以下のような3つの側面を持つ，継続的な活動

のことでした。

- 経済的側面　勤労の代償として生活のための収入を得る。
- 個人的側面　（適材適所の考え方により）個性を発揮する。
- 社会的側面　社会の構成員として，分担する役割を果たす。

　このような定義は，個人が職業を考える際にも役立ちますが，会社等が自らの社会的立場を考える際にも重要なポイントになるでしょう。これを意識することによって，職業人の集まりである職場とは，どのような特徴を備えなければならないかという面が浮かび上がってきます。

　まず経済的側面については，勤労の代償として生活のための報酬を提供できていることが指摘できます。そして，個人的側面としては，（適材適所の考え方により）個性を発揮できる場を与えられているかどうか。社会的側面としては，社会と個人のつながりを提供できているか，それらをうまく結びつけられているかどうかという点を指摘できます。さらに，個人に対してこれらを継続的に提供できていることは，職業人の集まりとしては大前提のこととなります。

　では，会社などにおいてこのような職業要件をすべて提供できているかどうか，またどのようなレベルで提供できているのかと考えると，職業の提供側としての問題点も多く指摘できるでしょう。たとえば，近年は経営者側の報酬が高くなり，従業員への報酬は横ばい，もしくは低くなっている傾向が指摘されますが，これはどう評価できるでしょうか。適材適所の考え方から，従業員の個性を発揮できる場を与えるに十分な観察，評価ができているでしょうか。従業員個人が，自らの仕事を通して社会とつながっているという感覚を持てるような施策は考えられているでしょうか。また，それを職業とは呼びにくいのですが，アルバイトや派遣社員をどういう存在とみなしているのでしょうか。そして，かれらに何を提供していると考えられるのでしょうか。

　会社等は，社会における役割分担を組織として担うことで，社会に

貢献しています。それが社会における存在意義といえるでしょう。しかし，それは存在意義の半分しか意味しません。会社が社会と個人をつなぐものである限り，対社会の側面と，対個人（対従業員）の2側面を併せ持つ存在だからです。この両側面を満たしてこそ，社会において存在意義がある組織といえるでしょう。

しかし，現状では前者の側面が重視され，後者の側面が軽視される傾向があります。近年の産業界における改革（たとえば，人件費の削減，正社員数の削減や工場の海外移転など）は，ある側面では社会から職業を減らしている，職業人を減らしているともいえます。それは，経営的に正しい戦略であるかもしれませんが，反面で，現在の社会的問題を生み出す一因になり，自らの社会的存在意義を減少させているという点を看過すべきではないでしょう。キャリア教育を通して個人に成熟した職業観を求めるのであれば，個人に職業を提供する立場として自らの社会的役割をしっかりと認識しなければならないでしょう。

このように「職業」というものを考えることは，経営者にとって，また会社などの組織の一員として，自らの社会的存在意義を考える重要な鍵になるといえます。ITバブルの頃，会社は誰のものかという議論がしばしば行われていましたが，残念ながら曖昧なままに下火になってしまったように思います。キャリア教育が注目されている現在，会社等は社会においてどのような存在であるべきなのかという点も，個人の職業観や勤労観と同等に検討され，変化・変容が求められているといえるでしょう。

▶ 4 「おわりに」のおわりに

本書を執筆することを考えたきっかけのひとつに，コント‐スポンヴィルの本（邦訳版，2004）のオビに「哲学が，私たちが幸福になる助けをしてくれるものでないのなら，そんないとなみがなんの役にたつというのでしょう」という一文を見つけたことにあります。この一文には，心底から納得しました。そこでキャリア教育をふり返ってみ

たのですが,「キャリア教育がすすめられると, 誰が幸せになれるのか? 笑顔になれるのか?」ということがますます気になりはじめました。

最初は, キャリア教育を受ける者ではなく, 経営者が笑顔になれるだけではないかと思っていました。それに関連して為政者も笑顔になれ, 最後に多くの人々の顔つきも穏やかになってくるのではないかと。このような推測をしていました。しかし, いろいろと考えながらまとめてみると, そうではなく, 最近ではあまり使われない言葉になっているような気もしますが, 資本家が笑顔になれるだけなのかなと思うようになってきました。しかし, この考え方も次第に変わり, 誰も笑顔になれないのではないかと…。

これだけ書いておいて無責任だとのご批判を浴びそうですが, ここまで読んでくださったのですから, こういった私の感覚のうえに本書が書かれているということは理解していただけるのではないでしょうか。

現在のキャリア教育よりも, もっとよいものを考えられないか。個人にとって, 社会にとって, もっと有益なものを考えてみたい。このような気持ちから, 社会性という側面と, 個別性という2側面からキャリア教育への提言を考えてみました。しかし, もちろん2つの側面は別物です。2つを追求すると, そこに相いれないもの, 矛盾するものが生じてきます。本書を読まれて, 斉一性に欠けた論だと感じられるかもしれません。言い訳になりますが, 相容れない複数のものを同時に追求するのがキャリア教育だと思っています。だから議論を続けなければならないのだと思います。

2009年は, 接続答申が発表されてから10年という節目であり, キャリア教育のルーツとも言えるパーソンズの著書 (Parsons, 1909) が発表されてから100年目という区切りの年でした。興味深いことに, 我が国における政権の交代という出来事も重なった年にもなりました。節目を意識し, これからを考えるよい時期といってもよいのではない

でしょうか。キャリア教育についての議論がますます盛んになり，個人にとって，社会にとってより有益な内容が構築されることが期待されます。それに向けた議論のきっかけを提供できたならば，著者として存外の幸せです。

　本書は1年半に渡る関西大学への国内留学の成果といえるものです。この留学をお認めいただき，またご協力いただいた南山大学関係者の皆様，十二分な研究環境をご提供いただいた関西大学関係者の皆様に心よりお礼を申し上げます。さらに，これまで様々な機会にご指導いただいた皆様，社会や会社の様々な様相を教えてくれた友人や学生の皆様，草稿に目を通していただいた皆様など，多くの方に支えられて書き上げることができました。また，北大路書房の薄木敏之氏には今回も大変お世話になりました。お名前はあげきれませんが，皆様のお力添えの賜物です。本当にありがとうございました。

2010年4月
著者

文献

阿部謹也　2001　学問と「世間」　岩波新書
Alan 1928 *Propos sur le bonheur.* Paris: Gallimard.（神谷幹夫訳　1998　幸福論　岩波文庫）
Allport, G. W. 1961 *Pattern and growth in personality.* New York : Holt, Rinehart & Winston（今田　恵・入谷敏男訳　1968　人格心理学（上巻）　誠信書房）
中央教育審議会　1999　初等中等教育と高等教育との接続の改善について（答申）1999年12月16日〈http://www.mext.go.jp/b_menu/shingi/12/chuuou/toushin/991201.htm〉
中央職業能力開発協会　2004　若年者就職基礎能力修得のための目安策定委員会報告書　2004年7月　〈http://www.mhlw.go.jp/houdou/2004/07/dl/h0723-4h.pdf〉
Comte-Sponville, A. 2000 *Le bonheur, désespérément.* Nantes: Éditions Pleins Feux.（木田元，小須田健，C. カンタン訳　2004　幸福は絶望のうえに　紀伊國屋書店）
藤本喜八　1987　進路指導の定義について　進路指導研究，**8**，37-39.
藤本喜八　1991　進路指導論　恒星社厚生閣
本田有明　2008　若者が3年で辞めない会社の法則　PHP新書
本田由紀　2005　若者と仕事―「学校経由の就職」を超えて―　東京大学出版会
市川伸一　2005　「みのりある教育」に向けて―「人間力」につながる学力向上への提言―　BERD（Benesse 教育研究開発センター），**1**，19-26.
井上知子・三川俊樹・島　久洋・芳田茂樹　1994　現代青年の価値観について　平成4，5年度科学研究費補助金（総合研究A）研究成果報告書「現代青年の行動様式と価値観」　研究代表者：秋葉英則　Pp.125-157.
苅谷剛彦　2004　教育の世紀―学び，教える思想―　弘文堂
河合榮治郎　1933　職業の問題　河合榮治郎編　学生と社会　日本評論社　Pp.357-376.
河﨑智恵　2003　家庭科におけるキャリア教育モデルの検討―能力領域の尺度の構成を中心に―　進路指導研究，**22**(1)，25-34.
経済産業省　2005　プレスリリース「第1回『社会人基礎力に関する研究会』の開催について」平成17年7月7日　〈http://www.meti.go.jp/press/20050707005/050707kisoryoku.pdf〉
経済産業省　2008　ガイドブック
Kiyosaki, R. & Lechter, S. 1998 *Rich dad, poor dad: What the rich teach their kids about money — that the poor and middle class do not!* San Val（白根美保子訳　2000　金持ち父さん　貧乏父さん　筑摩書房）
国立教育政策研究所生徒指導研究センター　2002　児童生徒の職業観・勤労観を育む教育の推進について　2002年11月

国立教育政策研究所生徒指導研究センター　2004　「社会性の基礎」を育む「交流活動」・「体験活動」―「人とかかわる喜び」をもつ児童生徒に―　平成16年3月

国立教育政策研究所生徒指導研究センター　2007　職場体験・インターンシップに関する調査研究報告書

国立教育政策研究所生徒指導研究センター　2008　平成19年度職場体験・インターンシップ実施状況等調査結果（概要）2008年8月5日〈https://www.nier.go.jp/shido/centerhp/20i-ship/i-ship20.pdf〉

Kolb, D., Rubin, I. M., & McIntyre, J. M. 1971 *Organizational psychology: A book of readings.* New Jersey: Prentice-Hall.

児美川孝一郎　2006　若者とアイデンティティ　法政大学出版局

厚生労働省　2001　エンプロイアビリティの判断基準等に関する調査研究報告書〈http://www.mhlw.go.jp/houdou/0107/h0712-2.html〉

厚生労働省　2004　『若年者の就職能力に関する実態調査』結果　2004年1月29日〈http://www.mhlw.go.jp/houdou/2004/01/h0129-3.html〉

高等学校におけるキャリア教育の推進に関する調査研究協力者会議　2006　報告書―普通科におけるキャリア教育の推進―　〈http://www.mext.go.jp/b_menu/shingi/chousa/shotou/023/toushin/06122007/all.pdf〉

久木元真吾　2003　「やりたいこと」という論理―フリーターの語りとその意図せざる帰結―　ソシオロジ，**48**(2)，73-89.

玄田有史　2005　14歳の仕事道　理論社

玄田有史　2006　希望学　中央公論新社

キャリア教育の推進に関する総合的調査研究協力者会議　2004　キャリア教育の推進に関する総合的調査研究協力者会議報告書―児童生徒一人一人の勤労観，職業観を育てるために―　2004年1月28日〈http://www.mext.go.jp/b_menu/shingi/chousa/shotou/023/toushin/04012801/002.htm〉

キャリア教育等推進会議　2007　キャリア教育等推進プラン―自分でつかもう自分の人生―　2007年5月29日　〈http://www8.cao.go.jp/youth/suisin/career/s.pdf〉〈http://www.nier.go.jp/shido/centerhp/sinro/1hobun.pdf〉

三村隆男　2004　キャリア教育入門　実業之日本社

三村隆男　2008　キャリア教育の歴史と基礎理論　仙﨑武・藤田晃之・三村隆男・鹿嶋研之助・池場望・下村英雄（編著）　キャリア教育の系譜と展開　雇用問題研究会

村上　龍　2003　13歳のハローワーク　幻冬舎

文部大臣　1998　初等中等教育と高等教育との接続の改善について（諮問）　1998年11月6日〈http://www.mext.go.jp/b_menu/shingi/chuuou/toushin/981101.htm〉

文部科学大臣　2008　今後の学校におけるキャリア教育・職業教育の在り方について（諮問）　2008年12月24日　〈http://www.mext.go.jp/b_menu/shingi/chukyo/chukyo0/toushin/1217075.htm〉

文部省　1961　中学校進路指導の手びき　学級担任編

文部省　1974　中学校・高等学校進路指導の手引―中学校学級担任編

文部省　1983　中学校・高等学校進路指導の手引—中学校学級担任編（改訂版）
夏目漱石　1978　私の個人主義　講談社学術文庫（オリジナル刊行　1913）
Nettle, D. 2005 *Happiness: the science behind your smile.* New York: Oxford University Press.（山岡万里子訳　2007　目からウロコの幸福学　オープンナレッジ）
日本労働研究機構　2000　フリーターの意識と実態　調査研究報告書136
人間力戦略研究会　2003　人間力戦略研究会報告書「若者に夢と目標を抱かせ，意欲を高める—信頼と連携の社会システム—」〈http://www5.cao.go.jp/keizai1/2004/ningenryoku/0410houkoku.pdf〉
新渡戸稲造　1982　自警録—心のもちかた—　講談社学術文庫．（オリジナル刊行　1916）
新渡戸稲造　2002　修養　タチバナ教養文庫．（オリジナル刊行　1911）
尾高邦雄　1941　職業社會學　岩波書店
尾高邦雄　1944　職業觀の變革　河出書房
Parsons, F. 1909 *Choosing a vocation.* Boston: Houghton Mifflin.
Prosser, C. A. & Quigley, T. H. 1949 *Vocational education in a democracy.* Chicago: American Technical Society.（日本職業指導協会訳編　1951　職業教育概論　実業之日本社
Russell, B. 1930 *The conquest of happiness.* Allen & Urwin.（安藤貞夫訳　1991　幸福論　岩波文庫）
坂本賢三　2006　「分ける」こと「わかる」こと　講談社学術文庫（オリジナル刊行　1982）
斎藤茂太　2005　あきらめ力　新講社
齋藤　毅　2005　明治のことば—文明開化と日本語—　講談社学術文庫．（オリジナル刊行　1977）
齋藤　孝　2008　なぜ日本人は学ばなくなったのか　講談社現代新書
Seaman, J. 1885 High School and the State. *The Journal of Proceedings and Addresses of the National Educational Association*, 173-180.
仙﨑　武・藤田晃之・三村隆男・鹿嶋研之助・池場　望・下村英雄（編著）　2008　キャリア教育の系譜と展開　雇用問題研究会
社会人基礎力に関する研究会　2006　「中間取りまとめ」報告書　経済産業省　2006年2月8日〈http://www.meti.go.jp/press/20060208001/20060208001.html〉
下村英雄　2008　若者の就職における自己と他者—フリーター的・ニート的心性を越えて—　大羽　健・廣石忠司・下村英雄・中野育男・内山哲朗　職業と仕事…働くって何？　専修大学出版局
下村英雄・室山晴美・西村公子・菰田孝行　2008　学校段階の若者のキャリア形成支援とキャリア発達—キャリア教育との連携に向けて—　労働政策研究報告書　No.104
下村英雄　2009　キャリア教育の心理学　東海大学出版会
新村　出（編）　1998　広辞苑　第5版　岩波書店

総務庁青少年対策本部　1998　世界の青年との比較からみた日本の青年―第6回世界青年意識調査報告書―　2008年12月　〈http://www8.cao.go.jp/youth/kenkyu/worldyouth6/pdf/hyoushi.pdf〉

社団法人経済団体連合会　1998　経団連第60回定時総会　総会決議「21世紀に向け新たな発展の基盤を確立する」1998年5月26日　〈http://www.keidanren.or.jp/japanese/policy/pol174.html〉

Super, D. E., Savickas, M. L., & Super, C. M. 1996 The life-span, life-space approach to careers. In D. Brown & L. Brooks (Eds.), *Career choice and development: Applying contemporary theories to practice* (3rd ed., Pp. 121-178). San Francisco: Jossey-Bass.

諏訪哲二　2005　オレ様化する子どもたち　中央公論新社

高橋桂子　2008　生活設計シミュレーションを通した将来設計能力の育成　キャリア教育研究　**26**, 69-79.

津村俊充　2002　ラボラトリ・メソッドによる体験学習の社会的スキル向上に及ぼす効果―社会的スキル測定尺度 Kiss-18 を手がかりとして―　アカデミア（人文・社会科学編），**74**, 291-320.

津留　宏・坂田　一・原谷達夫・返田　健・秋葉英則・野並地正之・関　峋一・八重島建二　1975　現代青年の価値観と生活意識　依田　新（編）　現代青年の生態―青年心理研究II―　金子書房　Pp. 30-58.

都筑　学　2004　希望の心理学　ミネルヴァ書房

内田　樹　2005　知に働けば蔵が建つ　文芸春秋

内田　樹　2007　下流志向―学ばない子どもたち働かない若者たち―　講談社

梅澤　正　2008　職業とはなにか　講談社現代新書

Vergely, B. 2002 *Petite philosophie du bonheur.* Editions Milan.（原章二・岡本健訳　2004　幸福の小さな哲学　平凡社）

若松養亮・下村英雄・山田剛史・佐藤有耕・上瀬由美子　2005　就職と自己―自己分析という迷宮―（自主シンポジウム）　日本教育心理学会第47回総会発表論文集　S44-S45.

若者自立・挑戦戦略会議　2003　若者自立・挑戦プラン　〈http://www.meti.go.jp/topic/downloadfiles/e40423bj1.pdf〉

渡辺三枝子　2007　講演「キャリア教育の目指すもの」　城　仁士（編）　キャリア教育の本質に迫る　Pp. 89-133

山田昌弘　2004　希望格差社会　筑摩書房

山口　瞳　1980　新入社員諸君！（一）　サントリー全国紙広告

全国高等学校PTA連合会・リクルート　2006　第2回「高校生と保護者の進路に関する意識調査」(2005) 報告書 Part 1　〈http://www.zenkoupren.org/image/05shinrochosa.pdf〉

【著者紹介】

浦上昌則（うらかみ・まさのり）

- 1967年　岡山県生まれ
- 1991年　神戸大学教育学部卒業
- 1997年　名古屋大学大学院教育学研究科博士課程単位取得退学　博士（教育心理学）
- 現　在　南山大学人文学部心理人間学科准教授（発達心理学）
- 著書に，「就職活動をはじめる前に読む本」（北大路書房：共著），「"学生"になる！」（北大路書房：単著），「心理学 Introduction to Psychology」（ナカニシヤ出版：共編著）などがある。

キャリア教育へのセカンド・オピニオン

2010年6月30日　初版第1刷印刷	定価はカバーに表示してあります
2010年7月10日　初版第1刷発行	

著　者　　浦　上　昌　則
発行所　　　　　（株）北大路書房

〒603-8303 京都市北区紫野十二坊町12-8
電　話　(075) 431-0361(代)
ＦＡＸ　(075) 431-9393
振　替　01050-4-2083

©2010　印刷／製本　創栄図書印刷（株）
検印省略　落丁・乱丁本はお取り替えします

ISBN978-4-7628-2723-5　Printed in Japan